«SAGGI»

Dello stesso autore
(anche in ebook)

C'è anche domani
(con Ennio Doris)
Apparentemente semplice
(con Niko Romito)
Rischio banche
Soldi sicuri

LEOPOLDO GASBARRO

IL RISPARMIO CHE VINCE

Sperling & Kupfer

Pubblicato per

Sperling & Kupfer

da Mondadori Libri S.p.A.

IL RISPARMIO CHE VINCE

ISBN 978-88-200-6452-5

I Edizione febbraio 2018

Anno 2018-2019-2020 - Edizione 1 2 3 4 5 6 7 8 9 10

All'Italia che ce la fa

Indice

Parte terza
Made for Italy

Un nuovo inizio…

La prima volta che ho sentito parlare di Piani Individuali di Risparmio (più noti come PIR) è stato poco più di un anno fa, verso la seconda metà di dicembre 2016. Avevo da poco cominciato a scrivere il mio nuovo libro, *Soldi sicuri*, uscito poi a maggio del 2017, ed ero concentrato su altri temi per poterli approfondire come avrei dovuto.

Così non ho dato molta importanza alla notizia, non all'inizio almeno. Fare attenzione a tutti i capisaldi delle leggi di bilancio del nostro Paese non è cosa agevole. Evito con cura di seguirne la costruzione e di leggere di quel bonus prima pensato e poi scartato, di quell'aumento di tassazione prima categoricamente escluso e poi puntualmente inserito.

È stato Alessandro Plateroti (il vicedirettore de *Il Sole 24 Ore*, a cui devo anche il titolo di questo libro) a parlarmene, in una sera in cui stavamo ragionando su come il risparmio di casa nostra fosse diventato fonte di costante preoccupazione per i cittadini.

Discutevamo di come non bastassero i rendimenti sotto zero e le banche che continuavano a fibrillare sotto il peso di una crisi che proprio non riuscivano a superare: ci si metteva anche il fisco a fare il resto, a rendere ancora più onerosa la gestione dei risparmi privati.

Il risparmio, così faticosamente accantonato – dico sempre che il risparmio rappresenta un doppio sacrificio, visto che prima bisogna produrlo con il lavoro e poi bisogna evitare di spenderlo –, in Italia deve subire i sistematici strali del fisco, diventando per l'erario un «fondo cassa» a cui attingere. Ogni volta che ce n'è necessità, è al risparmio che si guarda per sanare questa o quella voce di spesa del bilancio pubblico.

Pensate: negli ultimi vent'anni la tassazione sulle plusvalenze maturate è passata dal 6,25 al 12,5%, quindi al 20 e infine all'odierno 26%. In pratica un quarto della torta prodotta dai nostri investimenti, lì dove ce ne dovessero essere, naturalmente, finisce nelle tasche del fisco. Ma ancora non basta. I bolli sui conti correnti, sui conti deposito e sui dossier titoli, onerosamente esplosi con il governo Monti nel 2014, finiscono per appesantire ancora di più la pressione.

Insomma, se da una parte manca il rendimento e aumenta l'insicurezza per la situazione del sistema bancario, dall'altro il poco utile prodotto viene praticamente eroso dall'impatto fiscale.

E poi c'è l'aumento vertiginoso delle commissioni per la tenuta dei conti correnti. Tutte le difficoltà cui è andato incontro il sistema bancario di casa nostra ha indotto gli istituti di credito a fare cassa proprio attraverso l'aumento dei costi, soprattutto quello delle operazioni degli strumenti di liquidità. I conti correnti si sono trasformati nei bancomat degli istituti di credito, bancomat da cui le banche stesse prelevano, attraverso le commissioni, salite vertiginosamente negli ultimi esercizi, ciò di cui hanno bisogno per tenere a galla i loro bilanci.

Così, grazie alla terribile combinazione di questi tre fattori (tassi a zero, pressione fiscale e aumento dei costi bancari) l'unica garanzia che hanno i risparmi degli italiani depositati sui conti correnti è quella di depauperarsi, anno dopo anno.

«Cosa si sono inventati quest'anno per azzannare un'altra fetta dei nostri capitali privati?» chiesi a Plateroti sapendo che aveva letto il testo della legge appena approvata.

«Ti sbagli», mi rispose. «Anzi, hanno introdotto degli sgravi fiscali per i risparmi che verranno investiti direttamente nelle imprese italiane.»

«Davvero??!» replicai, poco convinto.

«Leggi. È tutto qui», mi disse Alessandro sbandierandomi il testo sotto il naso. «Guarda con attenzione dal comma 100 al comma 114, e troverai riscontro di quanto ti ho appena raccontato. È in quella parte che si parla di Piani di Risparmio.»

Diedi un'occhiata veloce al documento, e trovai ciò che cercavo. Ma la cosa non mi colpì particolarmente; almeno, non all'inizio. L'esperienza dei giorni e delle settimane successive confermò i miei dubbi sulla bontà di quella norma appena introdotta.

I gestori finanziari che spesso incontravo per lavoro non ne parlavano affatto; sui giornali, anche quelli specializzati, c'era solo qualche trafiletto in merito, e quando chiedevo a qualcuno «più informato sui fatti» mi sentivo rispondere: «Ma cosa vuoi che si possa fare di buono per il Paese e per i risparmi con soli 30.000 euro l'anno?» Insomma, i PIR rischiavano di morire prima ancora di nascere.

Era proprio l'industria del risparmio, disinteressandosene, a mettere una pietra tombale su quanto scritto in quei quattro paragrafi della legge di stabilità per il 2017.

Ma prima di andare avanti forse è meglio mettere un po' d'ordine, e spiegare anche a chi non ne ha mai sentito parlare cosa siano davvero i Piani Individuali di Risparmio (PIR) e come funzionino.

I PIR sono strumenti finanziari che hanno come obiettivo quello di indirizzare il risparmio verso fondi e altri strumenti d'investimento che siano utili sia a chi li sottoscrive sia al Paese. Questo perché grazie ai PIR una parte dei risparmi di casa nostra potrà defluire verso l'economia reale finanziando direttamente le piccole e medie imprese italiane.

Ma perché ciò potesse avvenire era necessario che il risparmio ricevesse la spinta giusta per cambiare strada. La leva utilizzata? Quella fiscale. Chi investirà attraverso questi nuovi prodotti, infatti, non pagherà la tassazione sugli interessi, che in Italia è pari al 26%, e potrà beneficiare dell'esenzione dalle tasse di successione. Una rivoluzione.

I PIR potranno essere sottoscritti solo da persone fisiche, anche minorenni, e ogni risparmiatore potrà averne, a suo carico, uno soltanto. Uno per codice fiscale. Su questi Piani di Risparmio non potranno essere investiti più di 30.000 euro ogni 12 mesi, per un massimo di 150.000 euro in cinque anni.

I servizi finanziari che potranno beneficiare dell'abbattimento delle tassazioni sulle plusvalenze dovranno avere composizioni di portafoglio ben regolamentate. I gestori saranno obbligati a investire il 30% del capitale diversificandolo il più possibile, magari in tutto il mondo. Il restante 70%, invece, dovrà essere appannaggio di azioni e obbligazioni di aziende che operano in Italia e che qui hanno stabili organizzazioni.

Inoltre, il 30% di questo 70%, cioè il 21% dell'intero portafoglio, dovrà essere investito in azioni e obbligazioni di aziende residenti in Italia, che siano medie o piccole e che non siano

Analisi composizione portafoglio «PIR compliant»

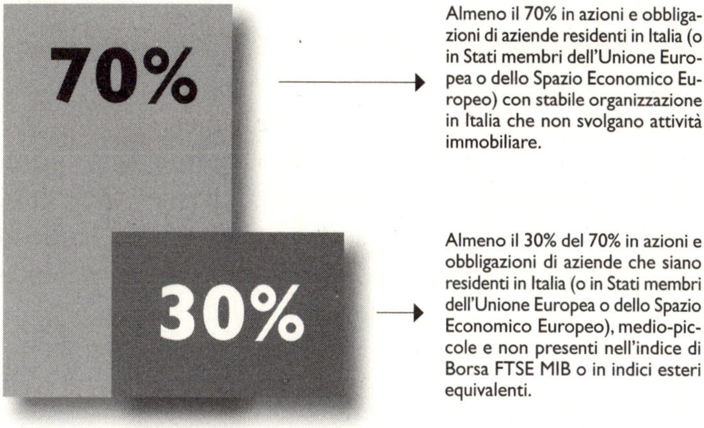

presenti nell'indice di Borsa FTSE MIB40 o in indici esteri equivalenti.

I vincoli? Solo quelli di natura fiscale. I 30.000 euro versati il primo anno torneranno fiscalmente disponibili dopo cinque anni, così come quelli versati il secondo anno torneranno fiscalmente disponibili dopo altri cinque anni. Così facendo i 150.000 euro versati nel quinquennio saranno completamente svincolati, dal punto di vista fiscale, alla scadenza del decimo anno.

Durante questi dieci anni beneficeranno dell'abbattimento della tassazione sulle plusvalenze e dell'esenzione dalle tasse di successione, benefici che continueranno a protrarsi per tutti gli anni successivi al decimo in cui i capitali investiti dovessero essere mantenuti su tali strumenti di risparmio.

Se invece i PIR dovessero per qualche motivo essere disinvestiti prima della scadenza fiscale, non ci sarà alcun vincolo reale a impedirne il rientro nelle tasche del sottoscrittore che, eventualmente, pagherà le tassazioni vigenti sulle eventuali plusvalenze, così come accade oggi.

Spero che adesso sia chiaro cosa siano i PIR.

Quella appena descritta, però, è solo la struttura normativa di uno strumento finanziario. Tuttavia, perché questo funzionasse, bisognava fare in modo che fosse adottato dal sistema degli investitori e dei gestori, che avesse qualcuno in grado di incentivarne le raccolte, qualcuno che le trainasse, proprio per evitare di sentirci dire: «Ma cosa vuoi che si possa fare di buono per il Paese e per i risparmi con soli 30.000 euro l'anno?»

Del resto, al momento del varo dei PIR anche i numeri proiettati dal Ministero delle Finanze non lasciavano spazio a fantasia e ottimismo. I dati relativi alle prime settimane di adozione di tali prodotti da parte del mercato del risparmio lasciavano prevedere una raccolta non superiore ai 2 miliardi per il primo anno, il 2017, e a 16-17 miliardi per tutto il quinquennio successivo.

In quel momento anche l'offerta, in termini di prodotto, da parte dell'industria del risparmio era estremamente limitata. Pochi servizi, quindi, poca attenzione e scarsa informazione non potevano che tradursi in raccolte estremamente contenute.

Alla fine del febbraio 2017 sul mercato non erano disponibili più di quattro o cinque prodotti «PIR compliant», ovvero conformi ai PIR. Per le case d'investimento ci sarebbe stata ancora molta strada da fare, una strada che forse in quel momento non avevano ancora deciso di percorrere.

Se quello fosse stato davvero il trend di mercato, se le raccolte fossero state quelle previste dal Ministero delle Finanze, chi mi aveva parlato dei PIR come di strumenti di scarsa utilità per il sistema Italia avrebbe avuto ragione: i PIR avrebbero rappresentato una goccia nel mare delle necessità del Paese. Nulla che potesse dare utilità e rendimento a una parte consistente dei risparmi degli italiani, niente che potesse rappresentare linfa e nuova liquidità per il mercato dell'impresa della penisola.

Poi, di colpo, tutto è cambiato. La luce si è accesa all'improvviso e il quadro ha assunto toni e colori completamente diversi. A tirare la volata sono state due banche in particolare: Banca Intesa e Mediolanum.

A fine luglio 2017 questi due istituti, da soli, avevano raccolto quasi 3 miliardi di euro. Incontrando Ennio Doris, il patron di Mediolanum, capii perché lo scenario fosse definitivamente mutato. «I PIR possono salvare il Paese», mi spiegò, «possono far arrivare alle imprese italiane quei capitali che a causa del forte momento di difficoltà del mondo bancario non arrivano più e non arriveranno neanche in futuro. I PIR sono la nostra unica speranza. La mancanza di liquidità sta togliendo fiato all'economia di casa nostra. Noi ci crediamo, ma non lo diciamo soltanto a parole.»

Poi riprese: «Io, o meglio la mia banca, abbiamo più di un milione di clienti. Li avviseremo tutti, faremo in modo che gli italiani sappiano quale sia la posta in gioco. Possiamo far del bene al risparmio indirizzandolo verso l'indiscusso valore rappresentato dalle piccole e medie imprese del nostro Paese. Possiamo fare gli interessi dell'Italia stessa, perché se le nostre aziende torneranno a crescere, il Paese riprenderà a crescere. Verranno creati nuovi posti di lavoro, i consumi riprenderanno, e tutto grazie ai Piani Individuali di Risparmio, grazie ai 150.000 euro che ciascuno di noi può investire sull'azienda Italia.»

Il giorno dell'intervista Doris era un fiume in piena. La sua chiave di lettura era l'esatto opposto di chi pensava che con

30.000 euro annui non si potesse fare molto. Due facce diverse della stessa medaglia.

«Per la prima volta la politica ha dato a noi, a noi imprenditori e cittadini, l'opportunità di fare la nostra parte», ribadì il presidente di Mediolanum. «Non ci è stato chiesto un obolo o nuove imposte per sostenere le imprese italiane. No, stavolta ci hanno detto che se investiamo una parte dei nostri risparmi su imprese capaci, imprese che hanno sempre dimostrato di saper creare valore, quel valore entrerà nelle nostre tasche alimentando i nostri risparmi, e senza che si debba pagare neanche un euro di tasse.»

«Ora tocca a noi», sottolineò con forza. «Tocca a quelli come me. Mi prendo un impegno: realizzerò da solo, con la mia azienda, una raccolta di tre miliardi di euro entro i primi dodici mesi dal momento in cui abbiamo lanciato i nostri primi prodotti. Ma non voglio farlo solo per Banca Mediolanum. Qui c'è in gioco molto di più. Per questo voglio raccontare a tutti ciò che ho intenzione di realizzare. Comunicherò i dati delle nostre raccolte, settimana per settimana, voglio stimolare i miei colleghi di altri istituti a seguirmi su questa strada. Io e Banca Mediolanum possiamo fare la nostra parte, ma non servirà a nulla se non remeremo tutti quanti assieme nella stessa direzione, e se non saremo in tanti a farlo.»

«E le imprese?» chiesi io. «Gli imprenditori?»

«Avviseremo anche loro», mi spiegò. «Andremo provincia per provincia a raccontare come il vento stia cambiando, e finalmente aiuteremo tante imprese italiane ad avvicinarsi al mondo dei capitali seguendo strade differenti da quelle percorse finora.»

Sulla stessa falsariga avevo letto anche le dichiarazioni, nei primi mesi del 2017, di Tommaso Corcos, amministratore delegato di Eurizon Capital, azienda che fa capo al Gruppo

Intesa, e presidente di Assogestioni. Dichiarazioni riprese da *Milano Finanza* e da *FIRSTonline*:

> Ritengo che i PIR siano uno strumento straordinario, capace di coniugare benefici per i risparmiatori e per il sistema Italia nel suo complesso, canalizzando in modo stabile e duraturo risorse verso le imprese, in particolare quelle di piccole e medie dimensioni. L'arrivo dei PIR corona una battaglia condotta da Assogestioni da molti anni, e tutti noi gestori di fondi siamo molto contenti che il governo abbia centrato l'obiettivo che può dare una grande mano all'economia italiana. Noi siamo pronti a fare la nostra parte, ma già in queste prime settimane dell'anno si percepisce l'interesse che i risparmiatori mostrano verso i PIR [...] perché i fondi dedicati ai PIR investono su un mercato finanziario prevalentemente italiano ma diversificato al suo interno che è, ogni giorno, sotto gli occhi di tutti.

E così quelle di Gregorio de Felice, chief economist di Intesa Sanpaolo:

> In Italia il risparmio c'è, ma è scandalosamente poco investito in una realtà, quella manifatturiera, che è la seconda in Europa. [...] Questo è dovuto alla forte presenza di piccolissime imprese e alla poca cultura e attitudine delle imprese italiane ad aprirsi al mercato [...]. L'incentivo del governo con i PIR è una bella cosa che può dare, anche dal punto di vista macroeconomico, un beneficio nel complesso per la competitività delle nostre imprese.

Grazie a questi «sponsor» era difficile che le cose non cambiassero. I PIR avevano trovato chi avrebbe trainato la loro corsa. Così, già all'inizio di novembre del 2017, le raccolte a livello nazionale avevano raggiunto gli 8 miliardi di euro, e le nuove stime di Equita SIM si spingevano a prevedere 11 miliardi di risparmi italiani investiti sul «mercato interno» entro la fine del 2017, poi effettivamente raggiunti, contro i 2 originariamente preventivati dal Ministero delle Finanze.

Ma erano soprattutto le stime di Intermonte SIM sui cinque anni a sorprendere: la nuova cifra proiettata superava i 70 miliardi di euro.

La goccia aveva assunto le sembianze di un'onda, che prometteva di ingrossarsi sempre di più. Le aziende del risparmio gestito e quelle del settore assicurativo avevano preso a sfornare un prodotto dietro l'altro, tanto che alla fine del 2017 era possibile scegliere tra più di 80 diversi fondi «PIR compliant», fondi cioè che avevano le caratteristiche per poter beneficiare degli incentivi fiscali previsti dalla legge di stabilità. Il mercato dell'offerta aveva cambiato registro.

Non solo. L'effetto PIR stava contagiando anche le imprese. Le quotazioni stavano ripartendo. A novembre erano oltre 29, su un mercato, quello italiano, che in quel momento aveva poco più di 333 imprese iscritte nei listini di Piazza Affari. Anche imprese importanti come Pirelli avevano scelto di tornare in Borsa. Era un caso?

Era stato creato un ponte tra i due maggiori punti di forza del nostro Paese; un ponte tra il risparmio, la ricchezza privata e le imprese che rappresentano la capacità tutta nostra, tutta italiana, di saper far bene le cose.

Un ponte. Mi venne in mente il Golden Gate, mi venne in mente San Francisco, dove ero stato solo qualche mese prima. Mi venne in mente un'altra straordinaria storia italiana, di quelle che vale la pena leggere e rileggere. La storia di Amadeo Giannini.

Diciamolo subito: Giannini ha fondato, costruito e fatto crescere una delle banche più importanti al mondo, la Bank of America. Agli albori della sua avventura la banca però si chiamava Bank of Italy.

Giannini nacque a San José, in California, nel 1870. I suoi genitori però erano italiani, per la precisione liguri. Era ancora piccolo quando suo padre fu ucciso sotto i suoi occhi perché non aveva restituito un dollaro che aveva chiesto in prestito. Un solo dollaro.

Quell'episodio segnò la sua vita, la cambiò radicalmente. Giurò a se stesso che avrebbe aiutato quante più persone possibile a non trovarsi nelle stesse condizioni disperate in cui si era trovato suo padre. E mantenne la promessa: fondò la sua banca e la chiamò Bank of Italy.

Giannini divenne il «banchiere dei poveri», soprattutto dei tanti immigrati provenienti dall'Italia: migliaia di disperati che erano arrivati negli Stati Uniti per cercare lavoro, speranza e per dare un senso diverso alle loro vite.

Cercò di aiutare tutti quelli che poteva, e proprio perché era così vicino alle persone in difficoltà queste gli dimostrarono la propria riconoscenza impegnandosi in ogni modo per restituire con gli interessi ciò che Giannini aveva prestato loro.

Poi arrivò il 1906. Per la precisione il 18 aprile. Un terremoto violentissimo distrusse San Francisco. Al terremoto seguì un gigantesco incendio che rese ancora più spettrale il panorama della metropoli americana.

C'erano macerie dappertutto. Il terremoto e l'incendio che ne derivò avevano messo a dura prova la metropoli. In tre giorni furono distrutte cinquantamila abitazioni private, per non parlare di uffici, alberghi, edifici pubblici e attività commerciali.

Racconta Wikipedia che il tenore Enrico Caruso, un'altra

eccellenza italiana, cantava girando per le strade della città, tra le rovine delle case. Lo faceva per cercare di dare speranza alle persone, per risollevarne lo spirito, per dare un pizzico di fiducia ai loro cuori infranti. In tanti avevano perso tutto quello che avevano: i cari, gli averi, il lavoro. Gli era rimasta solo la disperazione, tanta disperazione.

La storia racconta che con Caruso c'era anche un altro italiano pronto a fare molto per la città in cui era cresciuto. Quell'italiano era proprio Giannini. Scavando tra le macerie della sua banca recuperò un sacco che conteneva due milioni di dollari in oro, le riserve della sua banca. Decise di incontrare gli altri banchieri della città.

La riunione, pare, avvenne sul molo del porto di San Francisco, visto che non c'erano altri posti sicuri.

Nel corso della riunione i colleghi di Giannini decisero che avrebbero aspettato qualche mese prima di riaprire le proprie banche. Lui rispose che qualche mese dopo non ci sarebbe stata più nessuna città da ricostruire, che nessuno avrebbe garantito un nuovo futuro a San Francisco.

Restò solo.

Allora prese un tavolo e lo piazzò in mezzo alla folla dei terremotati. Riaprì sul molo, lì dove gli altri banchieri della città lo avevano abbandonato, abbandonando anche la città e i suoi abitanti a un incerto e difficile destino. Sul tavolo piazzò un cartello con la scritta: BANK OF ITALY: APERTO AI CLIENTI.

Cominciò a prestare soldi per la ricostruzione. Fu anche il primo a fare pubblicità. I suoi strilloni, con i cartelli appesi al collo, cominciarono a girare per la città.

L'idea che una banca avesse ricominciato a erogare prestiti per aiutare la gente in difficoltà ebbe un effetto ancor più benefico delle canzoni di Caruso. In pochi giorni la fila di gente sul molo cominciò a farsi sempre più lunga.

Agli altri banchieri che gli chiedevano come avrebbe fatto con le garanzie, come potesse avere la certezza di riavere indietro i suoi soldi, Amadeo Peter Giannini rispose che avrebbe dato i suoi soldi «on a face and a signature», a un volto e una firma. Guardava i clienti negli occhi, stringeva con loro un patto, un patto che più che con una firma si sanciva con una stretta di mano. Quella stretta di mano, in un momento così difficile, valeva più di qualunque tipo di garanzia.

Cambiò un'epoca, cambiò il modo di fare banca. Prima di lui si prestavano soldi solo a chi ne aveva già; dopo di lui – grazie a lui – il mondo delle banche non sarebbe stato più lo stesso.

Giannini faceva il banchiere da poco tempo, e la sua clientela era formata soprattutto da artigiani e commercianti di origine italiana che non trovavano credito in nessun altro istituto. Il terremoto di San Francisco gli offrì l'occasione di estendere, al di fuori della cerchia degli italoamericani la sua fiducia nel lavoro della gente semplice, nel dinamismo della vita economica americana e nella funzione di stimolo sociale della banca. Grazie a lui la banca divenne «per tutti», e soprattutto divenne lo snodo essenziale del processo economico di ricostruzione della città di San Francisco.

Il suo coraggio fu premiato: gran parte della ricostruzione della città fu finanziata attraverso i suoi sportelli.

Dieci anni dopo, a partire dal 1916, aprì altre filiali: da San Francisco la sua attività si allargò poco a poco in tutta la California, specie sotto forma di finanziamento di piccoli agricoltori, in gran parte oriundi italiani. Poi aprì le sue filiali anche nel resto degli Stati Uniti.

I mutui per la casa e i prestiti per comprare un'auto sono oggi consuetudine, normalità: li utilizzano tutti. Ma prima del «banchiere italiano» non esistevano.

Amadeo Giannini finanziò successivamente la costruzione

del Golden Gate, che sarebbe diventato il simbolo della città, ma pretese che a lavorare in quel cantiere fossero proprio tutti gli umili clienti della sua banca. Non solo prestò soldi agli operai e ai cittadini della sua città: diede loro anche un lavoro.

Quel lavoro era la miglior garanzia per fare in modo che i prestiti che aveva concesso tornassero indietro. Grazie a Giannini, molti ebbero la possibilità di ricostruire la propria casa, di riavere un lavoro, di riavere un futuro, di riavere la propria dignità.

Nel 1919 Giannini fondò la Banca d'America e d'Italia, e otto anni dopo ne cambiò il nome in Bank of America. Il banchiere degli umili era diventato il banchiere di tutti gli americani.

Fu ancora lui a finanziare i primi passi di William Hewlett ed Henry Packard, che in un garage di Palo Alto – il cuore di quella che anni dopo sarebbe stata chiamata «Silicon Valley» – gettarono le basi dell'HP. Lì sono nati e lì continuano a progredire i moderni computer. Lì sono nate le prime calcolatrici, lì è nato il mondo che conosciamo oggi.

Inoltre, dopo la Seconda guerra mondiale, agevolò gli aiuti all'Italia del Piano Marshall con prestiti senza interessi, e decise di investire anche nel cinema: Hollywood deve tanto a lui. Aiutò Charlie Chaplin, salvò dal fallimento un giovanissimo Walt Disney e finanziò Frank Capra.

Quando morì a settantanove anni, nel 1949, la sua Bank of America era la prima banca al mondo.

Senza Giannini il mondo che conosciamo non sarebbe esistito. Dalle ceneri di San Francisco ne ha costruito uno diverso, migliore. Non ha solo ha contribuito a creare un ponte fisico (il Golden Gate): ha creato un ponte tra la finanza di allora e le imprese di ogni singolo operaio e artigiano della città. Ha creato un volano, un circolo virtuoso che ha permesso a San Francisco di ripartire dalle proprie ceneri.

E forse non è stato un caso che nel 2008, a quasi sessant'anni dalla sua morte, è stata proprio la banca da lui fondata, la Bank of America, a giocare un ruolo decisivo nel salvataggio del sistema bancario americano che stava implodendo su se stesso dopo il fallimento di Lehman Brothers.

Un banchiere. Un ponte. La finanza. Il risparmio. L'impresa.

Forse anche da noi è arrivato il momento di guardare al futuro con occhi nuovi e ripartire dalle macerie che una crisi così profonda, come quella vissuta negli ultimi anni, ha lasciato nel nostro Paese. Bisognerà guardare avanti, ma per farlo è necessario aver chiaro almeno un riferimento: il punto in cui siamo, il punto di partenza, il punto da cui comincerà il nostro nuovo viaggio.

PARTE PRIMA

L'Italia dell'impresa

1

Il Bel Paese

Vi siete mai domandati perché l'Italia sia stata sempre definita «Il Bel Paese»?

Nel 1876 l'abate Antonio Stoppani, studioso, naturalista, geologo e uomo di religione, pubblica un testo di grande successo dal titolo *Il Bel Paese*, riprendendo una celebre espressione usata da Dante e Petrarca.

L'Italia di allora era poco nota a se stessa, poco nota agli stessi italiani. L'unità della nazione era stata dichiarata solo quindici anni prima, ma una dichiarazione non poteva bastare perché una reale unione fosse davvero realizzata.

Così il libro di Stoppani si trasformò in una sorta di mastice che mise assieme tasselli ancora lontani tra loro: territori a vocazione diversa, con caratteristiche differenti, dialetti incomprensibili, distanti. Il minimo denominatore aveva un nome, *Italia*, e un attributo, *bella*.

Stoppani si trasformò in un narratore, come se il suo viaggio attraverso il Paese fosse una favola. Così, per raccontarla, creò un uditorio fatto di bambini. Ogni giovedì sera si immaginava seduto davanti al fuoco a descrivere ai propri nipotini – tra quei bambini c'era anche Maria Montessori – ciò che aveva visto attraversando il Paese: un Paese bello, un territorio unito a prescindere dalla politica, dai comuni, dai campanili, dai dialetti.

Il testo è costruito come una serie di conversazioni continuamente interrotte: i nipoti interrogano l'abate, lo sollecitano, lo stimolano a rendere ancora più avvincenti e «favolosi» i suoi racconti. Il libro è ricco di digressioni, e questo lo rende, ancora oggi, piacevole alla lettura.

Stoppani è uno «zio» capace di affrontare in modo semplice, ma scientificamente documentato, lo studio della geografia delle Alpi, la geologia degli Appennini e quella dei vulcani. Il territorio dell'Italia di allora per lui non ha segreti.

Descrive la natura della nostra terra e ne traccia i confini: dalle Alpi si scende via via verso il Sud e le isole, verso il mare. Ma, durante il viaggio, «ridenti colline, fantastiche rupi, castelli pittoreschi, storiche ruine, deliziose città, sfilano con vece assidua e con perenne incanto, sotto gli occhi del viaggiatore».

Così descrive le bellezze naturali dei paesaggi italiani, ne sottolinea e ne evidenzia le peculiarità e la straordinarietà. Il Bel Paese nasce così, quasi fosse una favola; forse è proprio con il libro di Stoppani che l'Italia è nata davvero.

Una favola? Anche allora, come oggi, l'Italia era un Bel Paese, ed era necessario che qualcuno lo raccontasse agli italiani, ancor prima che a tutti gli altri viaggiatori provenienti da oltre confine. Stoppani, nel 1876, fece proprio questo.

E oggi? E se noi, a distanza di tanti anni, avessimo perso la capacità di guardare con gli occhi «giusti» il mondo che ci circonda, questa splendida Terra in cui abbiamo avuto la fortuna di nascere? Abbiamo bisogno che un altro Stoppani ce la racconti di nuovo? Anche se non voglio in alcun modo autoassegnarmi un simile ruolo, qualcosa del nostro splendido

Paese vorrei ricordarla, in queste pagine. Perché quando ce l'hai sempre sotto gli occhi, a un certo punto la bellezza rischi di non vederla più.

Mi perdonino le donne per il paragone, ma è quello che accade a un uomo quando, avendola sempre davanti agli occhi, smette di vedere e di apprezzare la donna che la fortuna gli ha permesso di ammirare e di avere al suo fianco, la donna di cui si è innamorato. Ci vogliono altri occhi che la guardino per riaccendere, con la fiamma della gelosia, l'interesse che sembrava ormai perso. Aspettiamo che altri guardino la nostra Italia? Altri, e non noi stessi?

Facciamo un gioco. Facciamo un viaggio, proprio come fece lo stesso Stoppani, attraverso il Bel Paese. Prendiamo una cartina geografica e guardiamola con un pizzico di attenzione. La conosciamo, vero? La conosciamo bene? Taranto è più a nord o più a sud di Cagliari?

E allora… Cominciamo il nostro viaggio. Giochiamo a riscoprire l'Italia.

Cagliari è più a sud di Taranto.

Bastano pochi minuti. Concentriamo la nostra attenzione sulle città più importanti? Partiamo da Roma? Immaginiamoci a bordo di quei bus con il tetto scoperto che portano in giro i turisti con l'audioguida nelle orecchie.

Il nostro tour inizia dal Colosseo e finisce in Piazza San Pietro, magari mentre papa Francesco si affaccia al balcone. Un posto unico al mondo. Il Lungotevere, l'Isola Tiberina, l'Ara Pacis, la Piramide, Castel Sant'Angelo… Da quanta bellezza siamo stati rapiti? E quanta non abbiamo neanche avuto il tempo di ammirare?

E poi immaginiamoci in Piazza della Signoria, sotto il campanile di Giotto, oppure mentre attraversiamo l'Arno su Ponte Vecchio. Non è fantastica, Firenze? Da un ponte a un altro. L'Arno come il Canal Grande, Rialto e poi San Marco e la Giudecca e le mille isole, sconosciute ai più, della laguna di Venezia. Inimitabile.

Verona è lì a due passi. L'Arena, il balcone di Giulietta e Piazza Bra. Elegante.

E Milano? Il Castello Sforzesco, il Cenacolo, il Duomo.

Abbiamo bisogno d'altro per raccontare secoli di storia?

Attraversando l'Italia passiamo da un borgo all'altro. Andrebbero visitati tutti, uno per uno, ma non credo basti una vita per farlo. Scegliamone allora uno per tutti. Lo faccio io per voi.

Nell'estate del 2017 ero in Toscana per lavoro. Mi stavano accompagnando in auto verso Firenze, ed è stato lì che l'ho vista. Una cinta di mura su una delle tante colline della provincia senese. Ho chiesto all'amico Ruggero Bertelli di fermarsi: la segnaletica stradale mi indicava che eravamo appena arrivati a Monteriggioni.

Ruggero me ne ha raccontato la storia. È stato come fare un salto indietro nel tempo e riviverla. Entrati a piedi all'interno del feudo sono restato a bocca aperta. Ho immaginato la gente di un tempo vivere lì. I cavalli, le botteghe, la chiesetta al centro della piazza, un crocifisso illuminato da uno strano e affascinante fascio di luce creato dal sole che filtrava da una finestra posta proprio alle spalle dell'altare.

Oggi un fiume di turisti, soprattutto stranieri, entra ed esce da quelle mura, ma quella porta e le mura che cingono Monteriggioni hanno resistito, inviolate, per anni, diventando la vera roccaforte senese nella battaglia ultracentenaria contro la nemica più acerrima di sempre: Firenze.

Il punto in cui passa la Via Francigena, la Via di San Francesco (che non ha nulla da invidiare al più famoso Cammino di Santiago, in Spagna e Portogallo), è segnato da un cartello proprio davanti la chiesa, nell'unica piccola piazza del borgo.

Siamo vicinissimi a Siena e alla sua incredibile Piazza del Campo, dove, anche quando non siamo nei giorni del Palio, il 2 luglio o il 16 agosto, sembra di sentire il rumore della folla, lo scalpiccio degli zoccoli dei cavalli, le urla dei contradaioli. Siena non è nota solo per aver dato i natali al sistema bancario così come lo conosciamo oggi.

E poi Napoli, la mia città, quella in cui sono nato. Un dedalo di contraddizioni, di arte ed esoterismo. «Mantua me genuit, Calabri rapuere, tenet nunc Parthenope.» Tenet nunc Parthenope... Mi tiene Napoli, mi conserva Napoli, è scritto sulla tomba del sommo Virgilio.

Napoli è una città fatta di mille caverne scavate nel tufo, una città ricostruita più volte su se stessa: strati su strati. Napoli su Napoli, secoli di storia che si accavallano e si rileggono come nei sedimenti di una roccia di arenaria. La reggia di Capodimonte, le porcellane, Piazza San Domenico Maggiore, il Cristo «inspiegabilmente» Velato, il Vesuvio tanto caro a Stoppani. E poi il mare, tanto mare.

Ischia, Capri e Procida e Nisida e le colonne del Tempio di Serapide, che portano i segni del tempo e delle maree. Le colonne salgono e scendono con l'innalzarsi o l'abbassarsi del sottosuolo a causa dei fenomeni magmatici. Il vulcano Solfatara.

Mentre scrivo queste righe immagino voi lettori urlare. Mi tirate per la giacca, mi invitate a parlare anche di Palermo e di Catania, di Agrigento e della Valle dei Templi, di Bari e dei trulli di Alberobello, dei Sassi di Matera e delle 99 cannelle dell'omonima fontana a L'Aquila. E ancora di Castel del Monte in Puglia, di Siracusa e della Reggia del Vanvitelli a Caserta, che non ha nulla ma proprio nulla da invidiare a quella di Versailles.

E poi il Villaggio nuragico di Barumini, Perugia, Mantova e Torino, il mare cristallino della Sardegna, le montagne abruzzesi intorno alla vallata di Castel di Sangro, le mie, quelle dove sono cresciuto, spesso fredde e piene di neve. Da quelle vette, nei giorni particolarmente tersi, si può scorgere l'Adriatico, il mare. Non è incredibile? È tanta Italia. Solo tanta Italia.

Sento tante voci, le vostre, così immagino che vogliate attirare la mia attenzione, pronti a raccontarmi quanto di straordinariamente bello c'è nel vostro spicchio d'Italia, quello in cui avete avuto la fortuna di nascere.

Perché la bellezza è negli occhi di chi guarda, e non dobbiamo aspettare di riscoprirla attraverso gli occhi di un altro. La natura ci ha donato tanto, l'arte altrettanto. Inutile stilare un altro roboante elenco, non è lo scopo di questo libro.

Ora continuiamo il nostro gioco. Prendete un'altra cartina, questa volta del mondo. Cercatela, l'Italia. È uno spicchio di terra piccolino in mezzo al mare: lo 0,2-0,3% della superficie del mondo o poco più: quasi non esiste. Eppure… Eppure incarna tanta bellezza e tanta ricchezza. Perché?

Avete mai provato a vivere con temperature elevate come quelle che si è costretti a sopportare nelle zone più calde del pianeta? O al contrario a farlo lì dove il freddo ti gela anche le ossa e le idee? Ebbene, in quelle condizioni si fa fatica a sopravvivere, a procurarsi del cibo, a garantire la propria esistenza; soprattutto in passato, quando le popolazioni non avevano i mezzi di oggi e neanche la tecnologia. Ecco perché era più difficile pensare al bello, all'architettura, alla musica, alla letteratura e all'arte in generale.

Al contrario, nelle aree del mondo in cui il clima è sempre stato più mite, come nel cuore del Mediterraneo, le cose sono andate diversamente. L'Italia, questa splendida terra, il Bel Paese in cui abbiamo avuto la fortuna di nascere, è un posto unico al mondo, prima di tutto dal punto di vista geografico e naturalistico.

La sua posizione peninsulare è ideale. È al centro del bacino del Mediterraneo, un mare caldo capace di mantenere il clima adatto al fiorire della vita. Inoltre è protetta dalle Alpi, che impediscono alle correnti gelide che arrivano dal Nord Europa di spazzare i nostri territori. Anche gli Appennini creano delle enclave climatiche lungo le coste tirreniche che ne sono protette. E poi la varietà del territorio. La distanza tra le vette più alte e le coste è di pochissimi chilometri, e la Pianura Padana rappresenta un ecosistema unico nel suo genere.

Proprio questa posizione unica al mondo ha permesso al territorio italiano di sviluppare una biodiversità straordinaria, la più elevata tra i Paesi europei. Tantissime specie animali, altrettante vegetali, un clima in cui è agevole vivere e trovare da mangiare, in cui è facile pensare ad altro che non sia la sopravvivenza. Non è un caso che i prodotti della nostra cucina siano tra i più ricercati al mondo: ne abbiamo tanti da combinare assieme, basta solo un po' di fantasia e genialità, come quella del mio amico chef Niko Romito.

Per tutto questo l'Italia è diventata ciò che è. Stoppani l'ha raccontata nel suo libro. Oggi, però, è giunto il momento di riscoprirla, oggi è il tempo in cui ognuno di noi deve riappropriarsi della capacità di guardare a questo Paese con occhi nuovi, giusti.

Prima che arrivi qualcun altro a guardare la nostra donna, con il rischio che ce la porti via... anche perché... non è detto che non stia già accadendo.

2

L'Italia, che non è più Italia

Se l'Italia fosse la nostra donna sarebbe il caso di cominciare a diventarne gelosi, gelosissimi, possessivi. Casali, ville, borghi, isolotti e aziende hanno cambiato bandiera: attori, nuovi ricchi di mezzo mondo o semplici amatori hanno guardato con «occhi nuovi» alle nostre bellezze e le hanno fatte proprie, in alcuni casi facendo follie per averle, per avere un posto in prima fila su alcuni dei panorami più belli del mondo. La costa frastagliata delle Cinque Terre, le colline fiesolane, le rive del Lago di Como e «Il Forte», così com'è chiamato il centro più famoso della Versilia. E poi Sperlonga, Taormina e tanti altri angoli di paradiso che alcuni di noi neanche conoscono.

Quanta parte del tricolore ha colori diversi, ormai... Non vogliamo fare i nazionalisti a tutti i costi, anche se non c'è nulla di male ad avere un pizzico di orgoglio patrio. Tuttavia, a fotografare la situazione ci si chiede perché di tanta bellezza non possiamo approfittarne noi direttamente, noi che qui siamo nati. Dovrebbe essere questa la nostra principale fonte di ricchezza.

Ieri nelle nostre città c'erano i Magazzini Standa, «La casa degli italiani». Dov'è finita casa nostra? Perché ora nelle nostre buste della spesa la maggior parte dei prodotti ha il marchio Carrefour o Auchan? Nulla da dire contro i francesi, per carità, ma gli italiani? Provate a dirlo a loro, ai francesi, di sostituire Carrefour e Auchan con Standa, la casa degli italiani. Come la prenderebbero? Si sentirebbero a loro agio?

Per la cronaca le insegne della Standa sono state sostituite dal marchio Billa, così come deciso dal gruppo Rewe, tedesco, che ha rilevato la catena dei «nostri» supermercati.

Continuando a girare nelle città del Bel Paese l'elenco di ciò che non ci appartiene più cresce a dismisura. Io mi occupo soprattutto di economia, ed è normale che mi saltino all'occhio le notizie legate al settore di cui mi interesso quotidianamente. Ma cos'è l'economia se non la rappresentazione finanziaria della realtà in cui viviamo? Descrive il nostro stato di salute, il nostro benessere, i nostri posti di lavoro, la nostra produttività. L'economia è l'interpretazione odierna di ciò che saremo chiamati a vivere domani, di ciò che saremo domani.

E allora, a guardar bene, non è solo la grande distribuzione a essere passata di mano. Vi ricordate la Parmalat di Callisto Tanzi, l'azienda dello scandalo e del fallimento, che con tanta fatica era stata rimessa in piedi? Bene, quell'impresa ora fa parte del Gruppo Lactalis. Francese.

Vogliamo parlare del lusso? Bulgari era uno dei nostri marchi di punta. Non lo è più, inglobato nel gruppo Luis Vitton. Francese pure lui.

E Mediaset? Una delle principali aziende italiane? È nel mirino di Vivendi. Francese.

L'Italia è diventato il Paese dello shopping. È come se si fosse aperta la stagione dei saldi all'italiana; e in periodo di saldi, chi ha possibilità finanziarie ed è abile a riconoscere la bontà di un prodotto, può fare buoni affari.

È così che negli ultimi anni si sono visti tanti marchi di

casa nostra diventare stranieri; e le vendite non accennano a diminuire. Dal 2008 al 2012 circa 437 aziende italiane sono passate nelle mani di gruppi stranieri: il Made in Italy è sempre meno italiano. Eppure è il Made in Italy che piace.

Ma cos'è? Affidiamoci a Wikipedia.

> Made in Italy è un'indicazione di provenienza che indica l'origine di un bene in base alle disposizioni comunitarie in materia di origine non preferenziale di un prodotto ed in questo caso riferite ai prodotti che hanno origine in Italia. Secondo uno studio di mercato realizzato da Statista in Made-In-Country-Index (MICI) 2017, e pubblicato da Forbes il 27/03/2017, Made in Italy oggi è censito al 7° posto in termini di reputazione tra i consumatori di tutto il mondo. KPMG censiva il Made in Italy quale terzo marchio al mondo per notorietà dopo Coca-Cola e Visa.

L'assurdo è che Made in Italy non è un vero e proprio marchio, anche se tutti lo considerano tale. Attenzione che non ci portino via anche questo, anche il marchio stesso.

Chi ama il Made in Italy? Chi da fuori guarda ai nostri prodotti con occhi che sappiano coglierne la bellezza. Prodotti unici, artigianali, forgiati da mani esperte, sapienti, creative. Prodotti agroalimentari che a volte non riusciamo a difendere neanche a livello comunitario.

Nel mondo la distribuzione della ricchezza non è omogenea, ma sta crescendo e raggiungendo un numero sempre più grande di persone. Pensate alla Cina, alla crescita che ha avuto nel corso degli ultimi anni. Più di un miliardo di persone, decine di milioni di nuovi ricchi. E loro, che nell'immaginario collettivo sono i maestri della contraffazione, del «non originale», quali prodotti cercano? Prodotti italiani, naturalmente, ma non prodotti che dell'Italia hanno solo il marchio, visto che sono stati realizzati fuori dal nostro Paese senza l'uso di manodopera italiana. Gli stranieri, cinesi in testa, vogliono prodotti che siano *davvero* italiani: ideati in Italia, progettati in Italia, realizzati in Italia.

La regola non vale solo per i nuovi ricchi con gli occhi a mandorla. Vale per i russi, per gli indiani e per chiunque guardi al Bel Paese con la stessa attenzione con cui lo osservò Stoppani prima di raccontarlo nel suo libro.

Tutta questa attenzione al Made in Italy sta cambiando anche le abitudini di molti imprenditori di casa nostra, tanto da aver creato un nuovo corso nelle scelte industriali e invertito trend che sembravano impossibili da mutare.

Il fenomeno che più di tutti inquadra queste nuovissime dinamiche commerciali e produttive si chiama «*backshoring*» e descrive il rientro, nel Paese d'origine, delle aziende che avevano deciso di delocalizzare portando all'estero buona parte dei processi produttivi. Il *backshoring*, secondo una ricerca effettuata da UNINT, l'Università degli Studi Internazionali di Roma, è un fenomeno che sta interessando le imprese italiane. Siamo i primi in Europa, per rimpatri, e secondi al mondo dopo gli Stati Uniti. La motivazione principale sarebbe da ricercare proprio nell'associazione all'idea di Made in Italy.

Chi acquista prodotti italiani li vuole realizzati nel nostro Paese, da mani italiane, da artigiani italiani, da processi produttivi che si sviluppano interamente all'interno della penisola. Il fenomeno non riguarda solo i prodotti ma anche i servizi, e siamo proprio noi consumatori italiani i primi a chiederli.

Pensate ai call center. «La risposta le arriva direttamente dall'Italia», ci sentiamo ripetere ultimamente. La «risposta italiana» rappresenta un elemento distintivo. È la qualità a pagare davvero, sempre. Si sta scoprendo che i consumatori sono disposti a «pagare» per ricevere prodotti e servizi di qualità. Si sta riscoprendo il valore della qualità.

Cresce la voglia d'Italia, quindi, ed è a questa «voglia» che il nostro Paese, le nostre imprese, la politica, dovrebbero guardare per agganciare la ripresa, per alimentarla e sostenerla nel tempo. L'Italia è questa, ed è il Paese più bello del mondo; o almeno, per me che lo giro in lungo e in largo lo è davvero.

Sarebbe il caso di puntare buona parte delle nostre carte su ciò che natura e storia, inventiva e capacità produttiva ci hanno regalato. Questo è il Made in Italy, come raccontato da UNINT: creatività, design, alta qualità, moda, cibo, arredamento, automobili, meccanica, architettura.

Nel 2016 l'economia italiana ha fatto esportazioni per 497,5 miliardi di euro, per lo più in Europa, ma i nostri prodotti stanno conquistando anche nuovi mercati. E tutto questo va alimentato economicamente.

Fa effetto leggere i numeri di una ricerca effettuata dalla Fondazione Edison in collaborazione con l'Università Cattolica, presentata a Milano nel maggio 2017 e in buona parte riportata nel testo di Marco Fortis *The Pillars of the Italian Economy* (i pilastri dell'economia italiana). Tre le colonne che sostengono il tempio del nostro Paese, come suggerito dal sottotitolo: *Manufacturing, Food & Wine, Tourism* (manifattura, cibo e vino, turismo).

L'Italia in sintesi è tutta qui: nella sua capacità di poggiarsi su un'impresa manifatturiera (che sa far bene le cose a mano) seconda solo a quella tedesca; nella sua capacità di sfruttare la sua biodiversità per creare prodotti agroalimentari dai sapori unici; nel valore delle sue bellezze naturali e artistiche.

La ricerca ha studiato ben 5.000 prodotti in tutto il mondo e ha cercato di stilare, categoria per categoria, una sorta di graduatoria di provenienza. Da dove arrivano i migliori prodotti per ogni singola categoria? Quali mani li hanno fabbricati? Ebbene, su quei 5.000 prodotti quasi 1.000, nelle prime tre posizioni di classifica, arrivano proprio dall'Italia.

Non è incredibile? Lo sapevamo che 210 prodotti sono al primo posto, 350 al secondo e altri 300 circa sono sul terzo gradino del podio? Sembra assurdo, se rapportato a quello che altre potenze del mondo sono capaci di rappresentare. Noi con poco più dello 0,2% della superficie del globo sappiamo fare tutto questo?

L'aspetto ancora più interessante è dato dal fatto che i prodotti che primeggiano nelle classifiche hanno caratteristiche diversissime tra loro. Molti rientrano nell'ambito agroalimentare, del design e della moda, ma un terzo è legato al settore della meccanica, anche in quella di precisione, e al settore industriale. Insomma, secondo questa ricerca – ma forse non serviva neanche che la ricerca ce lo raccontasse – Made in Italy vuol dire *bello*, *buono*, *elegante* e *ben fatto*.

Il mondo è pieno delle nostre vetrine. Persino Amazon ne ha una dedicata al Made in Italy: l'ho scoperta per caso, ma non è un caso che ci sia. Navigarla è uno spot per il nostro Bel Paese, un viaggio attraverso le regioni, i territori, i prodotti che l'Italia è capace di produrre e che Amazon, evidentemente, è capace di vendere con un click. Ma associare quel prodotto alla terra di appartenenza rappresenta un salto di valore, un salto nel valore del prodotto stesso.

Eppure, nonostante tutto, c'è il rovescio della medaglia, di cui non vorremmo mai parlare, soprattutto alla luce di quanto appena descritto. Secondo un report di Mergermarket, nel corso del 2016 le imprese italiane oggetto di acquisizioni estere sono state ben 233, per un valore complessivo di 24,4 miliardi di euro.

Il grande appeal della «bella Italia» è dato principalmente

dalla buona reputazione sul mercato delle imprese di casa nostra, che detengono una straordinaria immagine, ma i cui bilanci sono deboli e che per questo diventano facile preda dei colossi stranieri. Sono aziende splendide, ben condotte, ma sono dei piccoli bonsai che fanno fatica a misurarsi con i colossi con cui sono spesso costretti a confrontarsi. Pensate a una piccola azienda di elettronica italiana: come può confrontarsi con big del calibro di Apple?

Apriamo gli occhi? Guardiamo alla nostre bellezze prima che ce le portino via?

Per farlo forse è necessario leggere ciò che davvero sta accadendo intorno a noi. Non sto dicendo tutto questo solo per riempire qualche pagina in più di questo libro; l'elenco che segue spero serva a risvegliare la vostra consapevolezza, la vostra «gelosia». Forse ci aiuterà a riaprire gli occhi e ad apprezzare, di più e meglio, quello che siamo troppo abituati a osservare quotidianamente e di cui non ci rendiamo più conto.

Pronti? Cominciamo la carrellata...

La Twinings – sì, proprio quella del tè inglese – ha comprato l'aceto balsamico di Modena. Il gruppo britannico ha raggiunto l'accordo per l'acquisizione di Acetum Spa, il principale produttore italiano di aceto balsamico di Modena che produce anche glasse balsamiche, aceto di vino e di mela (oltre ad altri condimenti), e che include anche i marchi Fini e Mazzetti.

E poi lo storico marchio orafo Buccellati: è passato ai cinesi del gruppo Gansu Gangtai Holding, che si è assicurato l'85% del pacchetto azionario.

La birra Peroni nel 2003 è finita nelle mani del colosso anglo-sudafricano SabMiller, che l'ha ceduta successivamente ai belgi di InBev, gli stessi che producono Corona, Budweiser e Beck's. Oggi però la Peroni ha gli occhi a mandorla, visto che è stata acquistata da Ashai, gruppo nipponico.

Continuo?

A gennaio del 2016 l'Editrice Giochi è stata acquisita dalla canadese Spin Master. Risiko, Scarabeo, L'eredità, X Factor e Voyager non saranno più giochi italiani. L'azienda era stata fondata nel 1936 da Emilio Ceretti, ed era cresciuta all'ombra del suo gioco storico: Monopoli. Quest'ultimo più che un gioco rappresentava un tuffo ludico nella realtà economica: a tutti gli effetti un testo di educazione all'uso del denaro. Ha insegnato più il Monopoli di quanto non abbiano fatto decine di testi di educazione finanziaria presto abbandonati... Ma di questo parleremo in dettaglio più avanti.

Nel 2009 il Monopoli era già stato ceduto alla Hasbro. Da allora ne sono uscite versioni sempre nuove, ma chi almeno una volta ha «tirato su» le sue «casette verdi» su Parco Della Vittoria sa che di Monopoli ce n'è e ce ne sarà sempre e soltanto uno.

E ancora... A dicembre 2015 Pininfarina ha annunciato il passaggio alla società indiana Mahindra.

Grom, il «gelato più buono del mondo», dal 1° ottobre 2015 è di proprietà della multinazionale olandese Unilever, la stessa di Algida per intenderci. I due fondatori, Federico Grom e Guido Martinetti, hanno ceduto la proprietà dell'azienda che, dalla piccola gelateria di Piazza Paleocapa a Torino, dal 2003 si è trasformata in un colosso del gusto, con oltre 67 punti vendita e 600 addetti tra Dubai, Giacarta, Hollywood, Malibu, New York, Osaka, Parigi e molte altre città in tutto il mondo.

Non vi basta? Ce n'è ancora, non preoccupatevi.

Italcementi è stata venduta ai tedeschi del gruppo Heidelberg.

Lo storico Palazzo Broggi di piazza Cordusio a Milano è stato ceduto dalla società che ne deteneva la proprietà a un fondo internazionale, cinese per la precisione, per un importo di 345 milioni di euro. Per trentun anni il palazzo è stato sede della Borsa di Milano e successivamente quartier generale di UniCredit. Milano sta diventando sempre più orientale.

La Cina è entrata anche in Pirelli, con l'accordo che prevede l'ingresso di ChemChina nella società leader del settore degli pneumatici. Il gruppo, controllato dal governo di Pechino, avrà la maggioranza dell'azienda italiana, che tra l'altro è appena tornata in Borsa.

Il colosso giapponese Hitachi ha comprato invece i Frecciarossa, i nostri treni ad alta velocità. Inoltre l'azienda nipponica si è aggiudicata il 100% dell'Ansaldo Breda, che si occupa della produzione di treni ad alta velocità e di altri convogli ferroviari.

Ma vogliamo parlare del calcio? Inter e Milan? Bologna e Roma?

E la telefonia? Telecom è in mani francesi. Vodafone, la nostra vecchia Omnitel, è inglese.

Non dimentichiamoci dell'abbigliamento... Loro Piana? Anche questo marchio è ora di Luis Vuitton, insieme a Fendi, Pucci e Bulgari, di cui abbiamo già scritto prima.

Sembra un'ecatombe. Non finisce mai.

La Plasmon è stata venduta agli americani.

Alitalia a oggi non sappiamo ancora in quali mani finirà: sappiamo solo che sarà ceduta.

Edison, antica società dell'energia, venduta a EDF, azienda francese.

Gucci è nelle mani della holding francese Kering.

BNL è controllata dal gruppo francese BNP Paribas.

Lo stabilimento Avio Aero è passato alla General Electric.

I cioccolatini Pernigotti dei fratelli Averna sono stati venduti ai turchi della famiglia Toksöz.

E ancora...

I baci Perugina appartengono dal 1988 agli svizzeri della

Nestlè, così come l'Antica Gelateria del Corso. Discorso analogo per Buitoni e San Pellegrino.

Carapelli è dal 2006 nella galassia del gruppo spagnolo Sos (oggi Deoleo S.A.), e con lei Sasso e Bertolli.

I salumi Fiorucci sono degli spagnoli di Campofrio Food Holding dal 2011.

L'Orzo Bimbo è stato acquisito da Novartis, e il Riso Scotti, in parte, dalla multinazionale spagnola Ebro Foods.

Non ho finito…

Eridania Italia Spa, la società dello zucchero, ha ceduto le azioni al gruppo francese Cristalalco Sas.

La Delverde Industrie Alimentari Spa, la società della pasta, è di proprietà della spagnola Molinos Del Plata SL, che a sua volta fa parte del gruppo argentino Molinos Río de la Plata.

La Galbani alla francese Lactalis, così come Invernizzi e Locatelli.

A rileggere tutti questi nomi mi torna in mente la mia infanzia, il tempo in cui i sapori, i colori e le forme dei prodotti italiani erano legati alle immagini del Carosello. Ero bambino, allora, e Carosello portava le aziende italiane dentro casa nostra. Oggi i capitali stranieri le stanno portando via.

La Safilo, fondata nel 1878, e che oggi produce occhiali per Armani, Valentino, Yves Saint Laurent, Hugo Boss, Dior e Marc Jacobs, è diventata proprietà del gruppo olandese Hal Holding.

Fastweb, nata a Milano nel 1999, oggi fa parte del gruppo svizzero Swisscom.

Di Omnitel abbiamo già detto, mentre nel 2005 Enel ha ceduto la quota di maggioranza di Wind Telecomunicazioni, da poco fusasi con la Tre.

Nel campo dell'elettrotecnica e dell'elettromeccanica nomi storici come Ercole Marelli, Fiat Ferroviaria, Parizzi, Sasib Ferroviaria e, recentemente, Passoni & Villa sono stati acquistati dal gruppo industriale francese Alstom.

E questa è solo una piccolissima ricerca. Non voglio tediarvi oltre con nomi di aziende, bandiere e passaggi di proprietà, ma l'ultima voglio proprio raccontarvela. Riguarda Borsa Italiana.

Per lavoro vado spesso a Palazzo Mezzanotte, nel cuore di Milano, in Piazza Affari. Ormai la sala principale, quella in cui un tempo si «urlavano» gli ordini di acquisto e vendita dei titoli, è stata trasformata in una sorta di centro congressi. Gli scambi borsistici ormai avvengono attraverso computer che hanno bisogno di sempre meno spazio. Però quella sala fa ancora un certo effetto. Sarà la storia che incarna, per le imprese e gli imprenditori che ha visto crescere o fallire.

Si chiama ancora Borsa Italiana, ma se invece di osservare la splendida facciata di Palazzo Mezzanotte si accede al suo sito internet ecco che lo scenario cambia. Magicamente appare da più parti il logo del London Stock Exchange.

La Borsa Italiana, infatti, altro non è che la succursale della Borsa inglese, che da qualche anno ne ha acquisito la proprietà. Per questo il nostro indice principale non si chiama più MIB30, come in origine, ma FTSE MIB.

Per questo l'indice delle aziende più piccole quotate in Borsa si chiama AIM Italia: AIM è l'acronimo inglese di Alternative Investiment Market, e non fa che replicare per caratteristiche l'omologo indice anglosassone.

Che dire? Che non è finita qui. Purtroppo.

A meno che non cambi qualcosa.

3

La finanza in Italia non rappresenta il Paese

Il perché di tutto quello che abbiamo letto nel capitolo precedente è facilmente spiegabile, e il modo più agevole per farlo è attraverso i numeri, perché questi difficilmente mentono.

Quante imprese sono quotate sui principali listini mondiali? Vediamolo nella tabella.

Numero di aziende quotate per Paese (dati al 30-11-2017)

Stati Uniti	4.000	
Giappone	3.577	
Inghilterra	640	*(escluse le quotate AIM)*
Francia	500	
Germania	430	
Italia	333	

L'Italia quindi è il fanalino di coda. Capite bene come, tra il nostro mercato e quello degli altri Paesi che abbiamo preso in esame, ci siano delle differenze sostanziali.

Se poi andiamo a leggere i dati relativi alle capitalizzazioni di Borsa, cioè quanto valgono le aziende nel loro insieme, nazione per nazione, notiamo che la distanza tra noi e gli altri aumenta ancora di più.

Capitalizzazione di Borsa per Paese (dati al 30-11-2017)

Stati Uniti	20.500 miliardi	
Giappone	5.100 miliardi	
Inghilterra	2.900 miliardi	*(escluse le quotate AIM)*
Francia	2.310 miliardi	
Germania	1.900 miliardi	
Italia	631 miliardi	

Insomma, al di là del fatto che non è più italiana, oggi la nostra Borsa nel confronto sul potenziale economico sembra più un borsellino. Tre volte più piccoli dei tedeschi, nove volte rispetto al Giappone, cinque volte rispetto a inglesi e francesi, «non pervenuto» rispetto agli Stati Uniti.

È chiaro adesso perché le aziende di queste nazioni arrivino da noi e facciano man bassa delle nostre migliori imprese? Sono più solide, hanno più liquidità, sono più internazionalizzate, hanno piani industriali che permettono loro di guardare oltre confine e di crescere soprattutto grazie alle acquisizioni. Magari non hanno la stessa capacità che hanno le nostre aziende di realizzare prodotti di qualità, ma hanno i soldi per comprare sia i prodotti sia chi li realizza.

Quali sono stati i fattori che nel tempo hanno generato queste differenze così marcate? Perché ci sono così poche aziende quotate nel nostro Paese? E perché valgono così poco? Anche in questo caso lasciamo che siano i numeri a interpretare correttamente la realtà.

In Italia, come abbiamo già ricordato, abbiamo una straordinaria filiera manifatturiera, la seconda in Europa dopo quella tedesca. I numeri delle piccole e medie imprese (PMI) che compongono questa filiera sono impressionanti. Ce ne sono più di 51.000 che hanno un fatturato che supera i 5 milioni di euro. Di queste, quasi 16.000 hanno un fatturato che supera i 20 milioni di euro, mentre le altre 35.000 hanno un fatturato che va dai 5 ai 20 milioni. E poi ci sono quelle più grandi ancora.

Il 70% è a conduzione famigliare. Cito quest'ultima percentuale non per evidenziare risvolti particolarmente negativi nella gestione famigliare di un'impresa. Anche negli Stati Uniti, per esempio, il numero delle imprese famigliari è elevato, ma questo non ha impedito alle aziende a stelle e strisce di entrare nei mercati dei capitali e di partecipare a una crescita globale che ha permesso loro di divenire sempre più grandi.

Tuttavia, indagini alla mano (di cui parleremo in maniera più dettagliata fra poco), l'idea di perdere il controllo dell'azienda che avevano costruito è stato uno dei motivi che ha portato molte famiglie in Italia a non aprire le loro porte a capitali che non fossero quelli di origine bancaria, ricorrendo cioè a prestiti.

Una scelta miope, come vedremo più avanti.

A fare il resto – il resto negativo – ci hanno pensato altri due elementi caratteristici del nostro Paese: *burocrazia* e *fiscalità*.

Si tratta di due elementi così distintivi che finiscono per trasformare i nostri imprenditori in veri eroi, uomini capaci non solo di immaginare, progettare e realizzare prodotti di straordinario pregio, ma costretti allo stesso tempo a combattere contro «mulini a vento» che ne frenano la produzione invece di sostenerla. Ma sostenere l'impresa vuol dire creare ricchezza, creare nuovi posti di lavoro, nuovi consumatori; in una parola benessere.

Eppure... Avete mai provato ad aprire un'azienda in Italia? Be', fatelo. Ho racconti di mille imprenditori che narrano con raccapriccio quello che subiscono. La CGIA di Mestre ne ha fatto addirittura materia di studio.

Riporto alcuni stralci, presi dal sito www.cgiamestre.com, del comunicato pubblicato a maggio del 2017.

> È stato calcolato che, potenzialmente, una piccola azienda italiana può essere soggetta a ben 111 controlli l'anno da parte di 15 diversi istituti, agenzie o enti pubblici. In linea puramente teorica, praticamente uno ogni tre giorni. E rispetto alla prima rilevazione eseguita dagli artigiani mestrini nel 2014, la situazione è addirittura peggiorata. Nonostante il numero dei controllori sia rimasto pressoché lo stesso, le possibili ispezioni, invece, sono aumentate di 14 unità.
>
> L'elaborazione della CGIA è iniziata suddividendo il quadro legislativo generale in quattro grandi settori, dopodiché per ciascuno di essi è stato conteggiato il numero dei possibili controlli cui un'attività produttiva può incorrere e di enti deputati all'attività ispettiva.
>
> [...]
>
> Con una legislazione farraginosa e spesso indecifrabile (esordisce il coordinatore dell'ufficio studi Paolo Zabeo) qualsiasi imprenditore, soprattutto se piccolo, corre il pericolo di non essere mai a norma. Pertanto, l'eventuale ispezione da parte dell'ente pubblico viene vissuta come un incubo, come una calamità da evitare assolutamente. Per superare questa impasse non ci resta che sforbiciare il quadro normativo, rendendo più semplici e comprensibili le leggi, le circolari e i regolamenti attuativi. Altrimenti la forte discrezionalità, di cui tutt'oggi beneficiano coloro che sono chiamati a eseguire le attività ispettive, rimarrà inalterata. Nel contempo, infine, va aumentata la platea dei

controlli formali, cioè quelli eseguiti automaticamente per via telematica, alleggerendo così l'oppressione burocratica che grava sulle imprese.

[...]

I tempi e i costi della burocrazia – afferma il segretario della CGIA Renato Mason – sono diventati una patologia che caratterizza negativamente il nostro Paese. Non è un caso che molti operatori stranieri non investano da noi proprio per l'eccessiva ridondanza del nostro sistema burocratico. Incomunicabilità, mancanza di trasparenza, incertezza giuridica e adempimenti troppo onerosi hanno generato un velo di sfiducia tra imprese e pubblica amministrazione che non sarà facile rimuovere in tempi ragionevolmente brevi.

Qualche tempo fa sempre la CGIA di Mestre in un altro comunicato aveva quantificato in 31 miliardi all'anno i costi burocratici per le imprese italiane, una cifra che corrisponde a quasi due punti di PIL.

Eroi. Gli imprenditori italiani sono degli eroi. Fate un giro all'estero e ve ne renderete conto. Vorrei vedere tedeschi, inglesi, francesi e statunitensi districarsi nella ragnatela burocratica del nostro Bel Paese, che in questo non sembra avere proprio nulla di bello.

L'assurdo è che ne sono tutti consapevoli. Un governo dopo l'altro. Eppure le cose non migliorano, anzi.

È anche per questi motivi che, piuttosto che amplificare i problemi che già hanno, gli imprenditori di casa nostra si sono tenuti ben lontani dal mercato dei capitali. E ora, come abbiamo visto, ne stanno pagando le conseguenze.

Una recentissima ricerca di IRTop, azienda che accompagna le startup italiane alla quotazione in Borsa, ha evidenziato dati particolarmente interessanti. L'indagine è stata realizzata su un campione di imprenditori e amministratori delegati di società quotate ad AIM Italia, l'indice cui approdano proprio le startup e le piccole imprese.

Perché le aziende in Italia non si quotano?

L'82% delle risposte si divide equamente in due parti. La prima fa riferimento a temi legati alla governance: per il 41% gli imprenditori temono di perdere il controllo dell'azienda che hanno creato, mentre l'altro 41% di consensi fa esclusivamente riferimento ai costi legati alla quotazione (quindi anche fiscalità e burocrazia).

Ma non è questa la parte più interessante della ricerca di IRTop. È quello che viene dopo a risultare particolarmente indicativo dell'orientamento degli intervistati. Infatti la domanda è stata nuovamente posta agli stessi soggetti anche a quotazione avvenuta, e la risposta è stata stupefacente. Il 98% degli intervistati, infatti, ha segnalato come unica criticità nei confronti della quotazione in Borsa quella del costo, mentre sparisce completamente quella relativa al rischio di perdita di controllo dell'azienda.

Anche qui è uno spaccato della stessa ricerca a spiegarci il perché. I numeri dicono che il 54% delle aziende che si sono quotate all'AIM erano controllate da famiglie nel momento in cui si sono iscritte al listino. Dopo la quotazione, le famiglie hanno continuato a detenerne il controllo. In compenso è migliorata la trasparenza dell'azienda verso i mercati, ed è migliorata l'organizzazione. Insomma, le stesse testimonianze di imprenditori e amministratori delegati sottolineano come, a quotazione avvenuta, le aziende che prima già funzionavano hanno preso a funzionare sempre meglio. La trasparenza dei bilanci e dei piani industriali permette alle imprese di essere più attrattive verso i capitali e soprattutto verso manager capaci, aspetti che non possono far altro che migliorare la qualità del loro business.

L'ultimo quesito della ricerca di IRTop ha raccolto un plebiscito. Praticamente tutti hanno dichiarato che una politica di incentivi fiscali che dovesse andare in direzione della riduzione dei costi relativi alla quotazione favorirebbe, senza alcun dubbio, una crescita esponenziale delle quotazioni.

Burocrazia e fiscalità: la ricetta sarebbe servita...

Ma in attesa che il piatto sia preparato, in attesa che qualcuno ne prenda atto, la stragrande maggioranza delle aziende medie e piccole del nostro Paese continua a tenersi alla larga dal mercato dei capitali. E non sto parlando solo di Borsa, ma anche di private equity, di venture capital e di emissione di minibond.

Va detto che, in alcuni casi, è anche una questione di preparazione. Molti imprenditori sono talmente concentrati sul business da non avere il tempo di documentarsi abbastanza. E quando non conosci, tutto diventa più complicato: il timore dettato dalla non conoscenza è il peggiore, perché tende ad allontanare il problema, ad accantonarlo, piuttosto che spingere ad affrontarlo e a risolverlo.

In questa direzione un ottimo supporto è rappresentato dal Progetto ELITE di Borsa Italiana. La descrizione del programma e dei suoi obiettivi ce la racconta la sinossi trovata nel sito corrispondente:

> Una palestra e una scuola per insegnare alle migliori società internazionali a dialogare con gli investitori terzi, e a conoscere i mercati finanziari. Borsa Italiana ha creato con il progetto ELITE un'innovativa piattaforma di servizi dedicati alle società ambiziose che possono così confrontarsi con i migliori modelli e best practices internazionali e

venire a contatto con una comunità d'eccellenza per poter sfruttare tutte le occasioni di business-matching disponibili. L'obiettivo per tutti è la crescita, l'ambiente di contatto, una piattaforma dove «fare impresa», dove competenze e capitali si incontrano, si confrontano e sviluppano progettualità e occasioni di matching di successo.

La conoscenza crea la vera libertà, in tutti i campi. La conoscenza ci aiuta a scegliere e a fare in modo che le nostre siano sempre scelte consapevoli. In una direzione o nell'altra.

Nella stessa sezione del sito di Borsa Italiana vengono citati i primi numeri raggiunti dal progetto. Il 3 maggio 2017 si evidenziava come dal lancio del programma fossero già 550 le aziende iscritte ai corsi. Un ottimo risultato.

Pensate cosa accadrebbe al nostro mercato (di cui abbiamo visto i numeri nelle prime due tabelle di questo capitolo) se soltanto la metà di quelle 550 imprese dovessero decidere di quotarsi.

Ma tutte le altre? Sappiamo che di PMI in Italia ce ne sono più di 50.000. Tutte le altre cosa fanno? Come si preparano? Come si informano? Come puntano alla crescita della loro consapevolezza?

Per adesso stanno alla finestra. Molte neanche si avvicinano a una Borsa asfittica, soprattutto per gli indici minori come l'AIM, che rappresenta il mercato cui dovrebbero accedere le aziende a piccola capitalizzazione.

Fino a ieri gli scambi e la liquidità su questo mercato erano praticamente inesistenti, dato che ha indotto molte aziende a guardare altrove. I tempi, fino a ieri, non erano maturi.

Per tutte queste ragioni la Borsa del nostro Paese ha i numeri che ha, e soprattutto non è assolutamente rappresentativa del tessuto imprenditoriale su cui si fonda.

Pensate all'indice principale di Borsa Italiana, il FTSE MIB, che conta i primi 40 titoli per capitalizzazione, cioè per dimensione. Ebbene, quasi la metà sono banche o assicurazioni. Ci rendiamo conto della concentrazione del rischio anche per eventuali piccoli investitori?

Ma anche loro, come gli imprenditori, sono sempre stati molto lontani dalla Borsa…

Perché?

Perché i tempi, fino a ieri, non erano maturi.

4

Il banco-centrismo è fallito

COME hanno fatto le aziende italiane a finanziarsi? Attraverso le banche. Il nostro è sempre stato un sistema banco-centrico: imprese da una parte, risparmi dall'altra, le banche al centro.

Almeno finché il sistema bancario ha retto. Nel 2014 lo Stato ha provato a indurre le aziende a seguire strade alternative al finanziamento bancario, e lo ha fatto attraverso l'istituzione e l'emissione di minibond.

Cosa sono? Cerca di spiegarcelo – visti i tecnicismi – il sito di Borsa Italiana:

> I minibond sono obbligazioni o titoli di debito a medio-lungo termine emessi da società italiane non quotate, tipicamente PMI, normalmente destinate a piani di sviluppo, a operazioni di investimento straordinarie o di *refinancing*. Permettono alle società non quotate di aprirsi al mercato dei capitali, riducendo la dipendenza dal credito bancario. Come tutte le obbligazioni hanno un tasso d'interesse riconosciuto sotto forma di cedola periodica, e una data di scadenza.

Insomma, se lo Stato emette titoli per finanziarsi, come i BOT, i BTP e i CCT, anche le aziende possono farlo, emettendo quelle che sono chiamate «obbligazioni». Nel caso poi si tratti di piccole e medie imprese, questi titoli sono chiamati «minibond» (il «bond» è il corrispettivo inglese della nostra obbligazione).

Inutile dire che, se non avete mai sentito parlare di minibond non è il caso che ve ne facciate un cruccio. I BOT in Italia li conoscono anche le pietre, i minibond invece... È evidente che non hanno mai raggiunto l'apice della notorietà e del successo. Anzi, possiamo dire che non ne hanno avuto affatto, anche e soprattutto perché quasi nessuna banca ha aiutato gli imprenditori a comprenderli: d'altronde le banche non avevano grande interesse a farlo, anche e soprattutto per non perdere il controllo delle imprese esercitato proprio attraverso le leve del credito, che solo o quasi solo loro erogavano.

Tassi e costi troppo alti (burocrazia e fiscalità) hanno fatto il resto, e così è sembrato (erroneamente) che per le PMI i minibond non potessero rappresentare una prima e valida forma alternativa al credito bancario.

Poi è successo ciò che nessuno si sarebbe mai aspettato. La crisi è esplosa in maniera dirompente proprio in seno alle banche italiane. Anche in questo caso per capire cosa è accaduto basta l'analisi di un numero: quello che misura la crescita spropositata dei crediti deteriorati, ovvero la parte di prestiti che le banche hanno fatto a imprese e famiglie e che, per svariati motivi, non tornano più indietro.

Nel 2007, prima che fallisse Lehman Brothers, il montante dei prestiti che non rientravano nelle casse delle banche italiane sfiorava i 70 miliardi. Alla fine del 2016 quella somma aveva raggiunto i 324 miliardi di euro, attestandosi poi, dopo qualche aggiustamento (più di facciata che reale), agli attuali

270 miliardi (dato a fine 2017). È o non è una cifra davvero spropositata? Delle cause ho parlato abbondantemente sia in *Rischio banche* sia in *Soldi sicuri*, ma per chi non avesse la voglia (lecita) di cercare e leggere i miei libri precedenti, le riassumo anche qui.

Tutto nasce dalla profondità della crisi economico-finanziaria. Tantissime aziende hanno chiuso i battenti, e tante famiglie si sono trovate nella condizione di non poter restituire ciò che le banche avevano prestato loro.

Agli effetti devastanti della crisi si sono aggiunte, a mio avviso (e per fortuna non solo mio), le scelte della politica: con l'arrivo del governo dei tecnici, il governo Monti, c'è stato un violentissimo inasprimento delle politiche fiscali. È stato tolto il sangue a chi non ne aveva già quasi più in circolo. Se guardassimo il grafico della crescita dei crediti deteriorati capiremmo subito che è stato proprio in concomitanza di quelle scelte che i numeri hanno cominciato a schizzare alle stelle. Ma la politica non ha fatto tutto da sola. Va detto, a corollario del discorso che stiamo facendo, che molti istituti di credito hanno fatto malissimo il loro mestiere.

Quale dovrebbe essere il mestiere di una banca? È presto detto, e per farlo prendo in prestito lo stralcio di un mio testo per ragazzi, *Il salvadanaio di Arianna*.

> Il fioraio vende fiori, il fruttivendolo frutta e verdura, il panettiere pane, il farmacista medicine. La banca compera e vende denaro [...]. La banca svolge (dovrebbe, visto come sono andate le cose nell'ultimo periodo) soprattutto la funzione di legame tra il mondo del risparmio e quello dell'impresa.

I risparmiatori depositano i loro risparmi in banca, che li presta alle imprese meritevoli e capaci di garantirne la restituzione. Il fatto è che alcune banche nel nostro Paese hanno prestato troppo e male, a chi non aveva i numeri e le garanzie per ricevere quei finanziamenti.

Finché le cose sono andate bene, finché non è arrivata una delle crisi peggiori della storia a mordere le caviglie, la polvere in eccesso finiva sotto il tappeto senza alcun problema. Poi non c'è stato più alcun tappeto abbastanza grande da riuscire a coprire la montagna di crediti in sofferenza che aveva preso a crescere a dismisura e con velocità esasperante. Quasi come per effetto magmatico, il terreno dei crediti inesigibili è stato sospinto verso l'alto, verso quote sempre più elevate e impensabili.

Per una banca è normale avere una parte dei crediti in sofferenza: è fisiologico, sarebbe impensabile il contrario. Ma anche i parametri fisiologici hanno valori che si mantengono entro intervalli di regolarità e valori che invece li superano in maniera pericolosa. Un po' come le nostre analisi del sangue: finché i parametri restano all'interno degli intervalli di riferimento non c'è riscontro di alcuna patologia, viceversa dobbiamo correre ai ripari.

Un valore accettabile di crediti deteriorati dovrebbe attestarsi verso un massimo del 5-6% del prestato. Detto in soldoni significa che le banche che si trovano in questa condizione devono mettere in conto una perdita di 5-6 euro ogni 100 prestati. Non sono pochi: 5-6 milioni ogni 100 prestati e così via.

Pensate, però, che nel nostro Paese c'erano banche che avevano percentuali che superavano abbondantemente il 24-26%. E se il 5-6% era già un'enormità capite bene che queste percentuali non potevano essere sostenibili. Ma i capitali prestati alle imprese, in larga parte, sono composti e rappresentati dai depositi dei risparmiatori. Ecco perché l'azione erronea degli istituti di credito nel prestare «senza una sana attenzione» ha finito poi per pesare direttamente sui depositi.

A scoperchiare il vaso di Pandora ci ha pensato la legge sul bail-in. Controlli sempre più serrati da parte delle autorità bancarie europee hanno portato a galla i «numeri della realtà», imponendo a molti istituti cure da cavallo. Il problema è che alcuni non hanno reagito alla cura, altri non l'hanno neanche digerita e altri ancora non hanno neppure avuto modo di cominciare a farla.

Per questo la cronaca degli ultimi due anni è costellata di fallimenti bancari, notizie disastrose sui conti del sistema, proteste e contestazioni di piazza da parte dei risparmiatori che si sono sentiti truffati dopo aver perso i loro tesoretti, piccoli o grandi che fossero.

Dalla fine del 2015, con il crollo di CariFerrara, CariChieti, Banca Popolare dell'Etruria e Banca delle Marche, ma soprattutto a causa dell'azzeramento di circa 350 milioni di obbligazioni subordinate, si è innescato un effetto domino che ha coinvolto tanti piccoli istituti (ma anche tante banche d'interesse nazionale) e che ha visto nella capitolazione di Veneto Banca e Popolare di Vicenza il suo apice.

La tragedia comunque, quella vera, è stata sfiorata a causa della condizione di forte instabilità del Monte dei Paschi di Siena. Il salvataggio è arrivato sul filo di lana e solo grazie all'intervento dello Stato, che per l'ennesima volta si è visto costretto a mettere le mani nelle tasche dei contribuenti pur di salvare milioni di risparmiatori. Nell'occasione è stato sicuramente e giustamente scelto il minore dei mali. Speriamo, però, che questa volta sia finita davvero.

Tuttavia, finché quei 270 miliardi di euro di crediti deteriorati non verranno in qualche modo «sistemati», rappresenteranno sempre la spada di Damocle del sistema finanziario italiano, una spada pronta, con il suo peso, a squarciare il velo della solidità di alcune delle banche di casa nostra che ancora non hanno i conti proprio a posto.

Non è un caso che *Il Sole 24 Ore* il 25 marzo 2017 abbia pubblicato un articolo il cui titolo era tutto un programma: «Ecco le 114 banche italiane a rischio per le sofferenze». L'articolo, che potete ancora trovare online, aveva in allegato un lungo elenco di banche del Bel Paese i cui parametri di solidità non erano proprio «consigliabili».

Quello che dovremmo aver imparato dalla legge sul bail-in, entrata in vigore ufficialmente il 1° gennaio 2016, è che da quella data siamo costretti fare i conti anche con la solidità bancaria. Dovremo saper scegliere il nostro interlocutore bancario tra quelli che incarnano, per crediti deteriorati e per modello distributivo, i numeri migliori.

Almeno una volta l'anno dovremo verificare il CET1 (il *Common Equity Tier 1*) della nostra banca. Google in questo può aiutare a fare tutto velocemente. Naturalmente più alto è il CET1 della nostra banca, meglio sarà. E se da un anno all'altro sarà addirittura aumentato, allora vorrà dire che l'istituto di credito al quale abbiamo prestato i nostri risparmi sta facendo degnamente il suo lavoro.

Non solo. Un CET1 in crescita è espressione di una banca in grado di cavalcare i tempi e di essere pronta alle sfide, anche quelle più dure, cui sarà chiamata in futuro.

La tecnologia, come detto, in questo compito ci può soccorrere. Inserite in Google il nome della vostra banca seguito da CET1 e in un lampo avrete il livello di sicurezza del vostro istituto. Il CET1 è espresso in termini percentuali: valori superiori al 13-14% rappresentano indicatori di positività che crescono al crescere di quel numero.

Ma questo indice di solidità, così importante per la sicurezza dei nostri risparmi, rappresenta anche uno dei motivi principali per cui il finanziamento alle imprese da parte del mondo bancario si è andato via via assottigliando.

$$\text{CET1} = \frac{\text{patrimonio}}{\text{prestiti ponderati per i rischi}}$$

Per questo i crediti deteriorati (tecnici e professionisti li chiamano «NPL», acronimo che sta per *Not Performing Loans*) assumono un rilievo sempre più forte: più sono alti più erodono il patrimonio della banca, più sono alti più diminuisce il CET1. E se quest'ultimo diminuisce, le autorità europee chiedono all'istituto in esame di riportarlo nei giusti intervalli previsti dalla normativa.

Così la banca sarà costretta o a diminuire i crediti deteriorati o ad aumentare il patrimonio (in pratica chiedendo fiducia e capitali al mercato). Entrambe le operazioni sono complicate, soprattutto se della banca in questione parlano tutti negativamente. È il classico cane che si morde la coda.

Infatti i tentativi di innalzare, verso la fine del 2016, il patrimonio di banche come Popolare di Vicenza, Veneto Banca e Monte dei Paschi attraverso aumenti di capitale non hanno sortito gli effetti sperati. In pochi (troppo pochi) hanno aderito (in pratica il mercato ha negato la fiducia a queste banche, ritenendole poco in salute), e così questi istituti sono entrati in un loop negativo che li ha portati a un passo dal fallimento. Senza l'intervento dello Stato sarebbe stata un'ecatombe.

Ma anche le banche in salute hanno messo un freno evidente ai prestiti. Riprendere a erogare con regolarità vuol dire riprendere a far crescere i crediti deteriorati, e questi alla lunga finiscono per impattare sull'indice di solidità, proiettando la banca in oggetto sotto la lente d'ingrandimento delle autorità centrali europee.

E non finisce qui.

5

Lo tsunami digitale

«Pensate!» gridò Edmond. «Gli uomini primitivi hanno impiegato milioni di anni per passare dalla scoperta del fuoco all'invenzione della ruota. Poi è bastato qualche migliaio d'anni per inventare la stampa. E poi duecento anni per costruire un telescopio. Nei secoli seguenti, a intervalli temporali sempre più brevi, siamo passati dalla macchina a vapore alle macchine a benzina, allo space shuttle! E poi, in soli due decenni abbiamo iniziato a modificare il nostro DNA!

«Oggi misuriamo il progresso scientifico in mesi» urlò Kirsch «e avanziamo a un ritmo strabiliante. Non passerà molto e i più veloci supercomputer di oggi sembreranno un pallottoliere, le più avanzate metodiche chirurgiche sembreranno barbare, e le fonti energetiche odierne sembreranno antiquate quanto una candela usata per illuminare una stanza!»

[...]

«Gli antichi greci dovevano tornare indietro di secoli per studiare le culture antiche, mentre a noi basta andare indietro di una generazione per vedere come si viveva senza le tecnologie che oggi diamo per scontate. La sequenza temporale dello sviluppo umano si sta comprimendo: lo spazio che separa l'antico dal moderno si sta riducendo quasi a zero.

DAN BROWN, *Origin*, Mondadori, Milano 2017

Le rivoluzioni arrivano in un lampo e spazzano via tutto quello che era consolidato e dato per scontato. La storia è piena di esempi del genere, ma lo sviluppo tecnologico e la rivoluzione digitale stanno cambiando il mondo intorno a noi, i nostri comportamenti e le nostre vite più velocemente di quanto potessimo immaginare.

Il primo iPhone è stato prodotto circa dieci anni fa; pensate a tutto quello che ha comportato il suo arrivo in termini di sviluppo. Steve Jobs non ha cambiato solo la Apple: ha costretto anche i suoi competitori a seguirlo sul suo stesso sentiero, e questo ha creato un incredibile moto di accelerazione nello sviluppo delle tecnologie legate agli smartphone. Samsung, tanto per capirci, è indirettamente una creatura di Jobs, e anche le prossime aziende che nasceranno o che sono già nate in questo settore, ma di cui non conosciamo ancora il nome, saranno indirettamente sue creature. Fin quando non arriverà un altro Jobs a imprimere un'altra violenta spinta in avanti, magari in una direzione completamente diversa, che oggi neanche immaginiamo.

Oggi lo smartphone è parte integrante delle nostre vite, quasi un'estensione del corpo. Qualcuno storcerà il naso leggendo questa mia affermazione, ma possiamo negarla?

Faccio un esempio legato a me. Ho cinquantatré anni, e il mio primo computer era un Commodore 64, una macchina in cui ero io a dover scrivere i programmi, copiarli da un libro riportandoli direttamente alla tastiera. E dovevo farlo fedelmente, perché bastava un minimo errore, anche omettere una virgola, per comprometterne il funzionamento. Il massimo che quei programmi riuscissero a farmi fare era una partita con due palette che cercavano di intercettare una pallina; altro che il tennis delle consolle dei videogiochi dei nostri giorni. Avevo poco più di vent'anni, credo.

Le prime volte che ho cominciato a utilizzare internet con una certa assiduità è stato nel 1995. Di anni ne avevo trentuno. Per caricare e poter vedere una foto sullo schermo capitava di aspettare anche qualche minuto.

Poi tutto ha cominciato a correre così velocemente che non ricordo neanche più il passaggio dal doppino telefonico del modem al wireless. Non ricordo più quando ho avuto il mio primo iPad; non penso sia passato molto tempo, ma quello fa già parte della bacheca dei cimeli, così come il mio iPhone 4S.

Neanche Arianna, la mia figlia più piccola, ha voluto più utilizzarlo. «È troppo lento, papà», mi ripeteva sempre cercando di convincermi a comprarle uno smartphone di ultima generazione. (Per la cronaca, è perfettamente riuscita nel suo intento.)

Il mio computer attuale ha un assistente virtuale che mi permette di utilizzare la stragrande maggioranza dei comandi senza neanche toccare la tastiera. Alcune parti di questo libro non sono state tecnicamente scritte: le ho semplicemente dettate al pc, cui chiedo anche come sistemare la formattazione della pagina e la punteggiatura.

Basta cominciare a usare certe tecnologie e si fa sempre più fatica a tornare indietro.

Indietro... E pensare che quando ho cominciato a fare il giornalista i miei articoli, dopo averli scritti con la macchina per scrivere su un foglio di carta, li dettavo telefonicamente ai dimafonisti, che poi li trascrivevano nuovamente per mandarli in pagina.

I tempi sono cambiati. Radicalmente. Tocca a noi rincorrerli, e chi non sta al passo diventerà presto un capitolo o un paragrafetto in una pagina di storia. Qualcuno addirittura entrerà nella preistoria.

E le banche? Da quando sono nati i primi istituti di credito ci sono voluti più di cinque secoli perché il modello fosse costretto a cambiare. Da qualche anno però la tecnologia ha imposto delle accelerazioni con cui il mondo bancario non avrebbe mai pensato di doversi confrontare. Anche questa, probabilmente e in parte, è opera di Jobs.

Il fatto è che tante banche non sono pronte. Quello che per cinquecento anni è stato un dogma ora non lo è più. Tutto è cambiato nel giro di pochissimi anni, ma tanto cambierà ancora nei prossimi. La velocità del cambiamento è stata così repentina e associata a un contesto storico sfavorevole che molti istituti di credito fanno già parte della storia senza essersene resi conto, convinti di vivere ancora nel presente. Ma è un presente storico in cui le loro azioni descrivono un tempo che non c'è già più.

Sono tante le banche che non sono pronte, dicevo, e probabilmente quelle che non lo sono oggi faranno fatica a esserlo in futuro. Forse non lo saranno mai. Così finiranno nelle bacheche dei cimeli, travolte dallo tsunami che sta già passando.

In questo senso è illuminante la ricerca effettuata nel 2017 da KPMG sul digital banking dal titolo *Le sfide per il sistema bancario tra esigenze dei consumatori, rivoluzione digitale e nuovi competitors*. Eccone un primo stralcio.

> A 25 anni dal primo sito web, la «rivoluzione digitale» ha modificato radicalmente il modo di vivere e di comu-

nicare delle persone, con impatti significativi su tutti i comparti produttivi. Oggi sulla rete sono presenti oltre un miliardo di siti web, un numero in costante crescita, e sono più di 3,5 miliardi gli utenti di internet nel mondo. Ogni secondo vengono inviate circa 2,5 miliardi di email e sono effettuate più di 57.000 ricerche su Google. I social network hanno rappresentato una seconda «rivoluzione digitale», entrando nella vita quotidiana di una quota consistente della popolazione mondiale. Ad oggi nel mondo sono circa 1,8 miliardi gli utenti attivi di Facebook, mentre Instagram già nel 2015 ha superato Twitter e Google+ per numero di utilizzatori, con più di 0,5 miliardi gli utenti.

Il mondo bancario non è esente da questa trasformazione: alcuni operatori extrabancari sono entrati nell'arena competitiva, sostituendosi alle banche nell'offerta di alcuni servizi.

I numeri sono impressionanti, in crescita esponenziale, e ci dicono in che direzione stiamo andando. Ma le banche ne sono consapevoli? A leggere i numeri dei piani industriali di molti istituti di credito penso proprio di sì. Tuttavia le resistenze sono ancora molto forti.

Secondo la ricerca KPMG «Global CEO Outlook Survey 2016», circa il 42% dei chief executive officer intervistati provenienti dal mondo bancario ritiene che il proprio business sarà completamente trasformato nei prossimi 3 anni e il 65% è preoccupato dal fatto che il modello di business possa essere rivoluzionato da nuovi entranti. Google, Amazon, Facebook, Apple, PayPal e molti altri operatori digitali stanno iniziando a offrire sistemi di pagamento e altri servizi bancari. La sfida tra banche tradizionali e nuovi competitor è aperta e il risultato finale dipenderà dalla capacità delle banche di trasformare i propri modelli di business per rispondere alle nuove esigenze della clientela.

Tuttavia siamo a un punto di non ritorno. Lo testimoniano soprattutto i dati sulla diffusione dell'utilizzo delle nuove tecnologie. La ricerca di KPMG è chiara anche in questa direzione:

> I dati sulla diffusione di internet, del mobile e dei social network in Italia descrivono uno scenario in continua evoluzione. Sono più di 39 milioni gli italiani che utilizzano internet, il 66% della popolazione italiana, un dato in crescita del 4% nell'ultimo anno. Il 70% della popolazione adulta possiede uno smartphone, che viene utilizzato in media per 2 ore al giorno per navigare sul web. L'86% della popolazione utilizza internet quotidianamente per esigenze personali e circa un italiano su due è un utente attivo di almeno un social network. Il 30% della popolazione effettua acquisti online e il 25% utilizza il mobile banking.
>
> Proprio i dispositivi mobili stanno gradualmente diventando i device di riferimento per la navigazione web, per praticità e immediatezza. Il 31% del traffico internet è generato da mobile, con un incremento del 44% rispetto all'anno precedente.
>
> Il crescente utilizzo degli smartphone sta innovando profondamente le modalità di fruizione del web. [...]
>
> Secondo dati Audiweb, il 2016 ha rappresentato in Italia l'anno del sorpasso dell'accesso a internet da dispositivi mobili piuttosto che da pc. [...]
>
> Il 73% degli italiani che utilizzano internet sfrutta le tecnologie mobili per gestire il proprio denaro e per effettuare pagamenti. [...]

> Il mobile remote payment ha fatto segnare un incremento del 75%, attestandosi a 300 milioni di euro; a trainare questo segmento le ricariche telefoniche e i bollettini, ma anche il car sharing, il mobile parking e gli acquisti di biglietti per il trasporto pubblico locale.
>
> La diffusione dei mobile wallet favorirà nel prossimo futuro un maggiore utilizzo dello strumento mobile per effettuare pagamenti.

Tutto questo si traduce in un cambiamento radicale nel rapporto tra banche e clienti, così come spiegano da KPMG. Ma la fotografia attuale rischia di non essere al passo con la realtà digitale di domani, quando arriveranno sulla scena i nuovi consumatori. Le mie figlie, quando sono con me, si divertono a vedermi usare la funzione ApplePay del mio smartphone. Chiara dice: «Fa figo», mentre Arianna sorride soddisfatta per lo stupore del cassiere di turno.

Ma tra qualche mese, quando anche i sistemi Android potranno usufruire di questi nuovi sistemi di pagamento e sempre più persone li utilizzeranno, tutto questo sarà dato per scontato. Così per Chiara non sarà più «figo», e Arianna non leggerà più alcuno stupore nelle facce dei cassieri, ormai abituati ad accettare queste nuove funzioni digitali.

Sono abbastanza sicuro che loro non utilizzeranno mai una carta di credito tradizionale; probabilmente non avranno neanche un portafogli, che probabilmente si trasformerà in un borsellino elettronico, così come difficilmente guideranno la loro auto, sempre che ne avranno una di proprietà.

Per questo la situazione odierna, fotografata da KPMG, deve essere letta in funzione del cambiamento, non certo della staticità, e deve essere vista come un'immagine in continua evoluzione.

Dai risultati emersi dalla ricerca si conferma, però, come la banca tradizionale rimanga un punto di riferimento importante per la popolazione italiana, nonostante le banche online stiano guadagnando quote di mercato. L'86% del campione intervistato è, infatti, cliente di almeno una banca tradizionale, mentre il 56% è cliente di almeno una banca online. Il 44% del campione è cliente esclusivo di banca tradizionale, mentre il 14% è cliente solo di banca online.

[...]

Il 59% del campione intervistato è cliente di più banche contemporaneamente mentre il 41% è cliente esclusivo di una sola banca. I clienti di sola banca online sono in prevalenza mono-bancarizzati (77%), mentre solo il 23% è cliente di più banche.

Credo che quest'ultimo passaggio meriti un ulteriore spunto di riflessione. Il 41% dei clienti è cliente esclusivo di una sola banca, e più ci si sposta verso la scelta tecnologica più questa unidirezionalità si accentua. Questo significa che il trend è segnato, che non ci sarà più spazio per coloro che non saranno pronti – meglio, che non lo sono già oggi – a intercettare le nuove necessità della clientela.

Anche perché sono sempre di più, anche da noi, le persone che usano la banca attraverso internet.

Circa un cliente su tre del campione intervistato utilizza l'internet banking da pc come canale esclusivo per tutte le operazioni, una percentuale in aumento di 2,6 punti percentuali rispetto alla rilevazione dell'anno precedente. La fascia di popolazione per cui è più diffuso l'utilizzo esclusivo del web è quella superiore ai 35 anni.

La rete di sportelli rimane, per buona parte del campione, elemento imprescindibile nella relazione con la propria banca, soprattutto per gestire situazioni di emergenza o per ricevere consulenza su temi complessi.

[...]

Dai dati della survey, infatti, emerge come, ai fini della scelta di una banca online, i clienti di banca tradizionale risultino rassicurati dalla presenza di filiali fisiche per gestire le emergenze.

Il dado è tratto, e i cambiamenti sono travolgenti. I clienti non vogliono i vecchi sportelli, vogliono uffici di consulenza, non vogliono chi stampi loro un estratto conto o prepari un bonifico, desiderano avere a che fare con professionisti in grado di sostenere i loro progetti di vita finanziaria.

Le banche manterranno il controllo del prodotto, a patto di saper cambiare.

Le banche hanno un ruolo fondamentale nell'economia: custodiscono il patrimonio degli individui e forniscono denaro attraverso i prestiti. Le competenze sviluppate, per esempio nella gestione del rischio di credito, potranno consentire alle banche di mantenere il presidio del prodotto bancario anche nel prossimo futuro. Non bisogna dimenticare poi che un settore strategico per l'economia di un Paese necessita di una regolamentazione stringente e i prodotti bancari sono storicamente oggetto di rigorose regole.

Tuttavia il settore mostra alcune rigidità che andranno corrette per scongiurare il pericolo di sostituzione di prodotto da parte di player non bancari. La banca tradizionale dovrà trasformarsi costruendo prodotti che possano rispondere maggiormente alle richieste di una clientela sempre più esigente.

Gli operatori bancari, cresciuti durante l'epoca industriale, hanno sposato modelli di crescita tipici delle corporation tradizionali, basando il proprio successo sul numero di dipendenti, sugli asset gestiti e sul controllo esclusivo di tutta la catena del valore. [...]

In un contesto in rapida trasformazione, tuttavia, il sistema bancario italiano non è riuscito a modificare la propria identità.

Le banche italiane, forse più di molti operatori europei, si sono trovate ad affrontare problematiche di sostenibilità industriale, intensificate anche da evoluzioni normative altamente impattanti. [...]

Tale inerzia, se valutata nella fase di fermento che interessa il settore, impone alle banche un'accelerazione nel ripensamento del proprio modello di business per abilitare una capacità sostenibile di competere nel lungo periodo. Ed è nella trasformazione che questo settore deve ricercare la propria ricetta di sopravvivenza. Il cambiamento in questo scenario non è rappresentato solo dalla revisione dei modelli distributivi, con l'introduzione di nuovi canali e touch point, e dall'efficientamento dei processi di back office: si tratta di una trasformazione nella cultura e nei comportamenti.

Le banche tradizionali potranno competere con i nuovi player ripensando e migliorando il modello relazionale con i propri clienti. [...] Una relazione è un insieme di momenti, istantanee della nostra vita, dove le esperienze positive sviluppano le migliori relazioni. Gli operatori bancari dovranno cambiare il loro punto di vista dallo share of wallet allo share of moment, dovranno ragionare sulla capacità di catturare i momenti più importanti per i propri clienti in ogni fase del ciclo di vita. Momenti di

> contatto che assumono una veste emozionale e che gli operatori dovranno riuscire a intercettare per generare un vantaggio competitivo sostenibile. Maggiore sarà la capacità di generare una forte esperienza emozionale, migliore sarà l'intensità della relazione che potrà essere generata e gestita con i propri clienti. [...] I clienti potranno in tal modo percepire nuovamente le banche come soggetti in cui riporre la propria fiducia. Le persone dimenticano quello che è stato detto o quello che è stato fatto in passato, ma non dimenticano mai le emozioni e lo stato d'animo con cui hanno vissuto tali esperienze.

Trovate la ricerca di KPMG, che vi invito a leggere nella sua interezza, a questo indirizzo: https://tinyurl.com/ycggolkq. Credo sia illuminante nell'analisi dello scenario e, soprattutto, nella definizione delle prospettive future.

Un paio di passaggi però mi hanno colpito particolarmente, e penso valga la pena sottolinearli e analizzarli in maniera più approfondita. Il primo è condensato nella frase: «È nella trasformazione che questo settore deve ricercare la propria ricetta di sopravvivenza». Poche parole per far comprendere come la strada sia segnata: chi non riesce a seguirla è fuori dai giochi, perché non sarà in grado di garantire la propria sopravvivenza.

A marzo del 2017, ospite di una puntata della mia trasmissione *Mercati che Fare*, in onda su TgCom24, Antonio Patuelli, presidente dell'ABI (Associazione Bancaria Italiana), ha dichiarato: «Delle attuali circa 600 banche che ci sono oggi in Italia nel giro di qualche anno non resteranno più di 100 tra singoli istituti e gruppi bancari». Da più di 600 a 100. Capite a quale tipo di trasformazione stiamo andando incontro? Capite quante fusioni, acquisizioni e incorporazioni dovranno determinarsi nei prossimi mesi perché le banche che resteranno possano continuare a garantire la loro sopravvivenza?

Pensate soltanto ai crediti cooperativi. In Italia ce ne sono più di 350. Ebbene, il fenomeno di aggregazione che è già iniziato li porterà alla formazione di soli 3 gruppi bancari, sulla scorta di quanto già accaduto in Francia con il Crédit Agricole. Da 350 a 3. La chiamiamo rivoluzione? Trasformazione? O vogliamo utilizzare dei termini più radicali che indichino che ciò che c'era prima non ci sarà più?

A cominciare dagli sportelli. Solo un paio di anni fa erano 35.000. Ora siamo a 25.000, 10.000 in meno. La direzione è molto chiara, lo dice chiaramente anche la ricerca di KPMG: andremo sempre meno in banca, quindi avremo sempre meno bisogno di sportelli e dei bancari che lì lavorano.

Pochi giorni prima di scrivere queste pagine ho assistito a una scena che ho trovato esilarante. Ero in una filiale, e il cassiere stava cercando di convincere un potenziale cliente a portare il conto da loro. Mi è sembrato di guardare una scena preistorica, un graffito disegnato sulle pareti di una caverna.

Siccome conosco bene quel bancario, ma non conosco i numeri della sua filiale, mi sono permesso di chiedere quanto gestissero di patrimonio. La risposta mi ha fatto sorridere: poco meno di 20 milioni di euro. Per darvi la misura di questo numero, sappiate che conosco personalmente private banker che gestiscono da soli patrimoni che sfiorano il miliardo di euro, e ne conosco tantissimi che hanno dai 70 ai 200 milioni di euro di patrimoni in gestione.

Capite che quella filiale è il vecchio mondo? Quella filiale è già chiusa: 20 milioni di euro non possono produrre reddito sufficiente a sostenere i costi della sede fisica e dei tre operatori che vi lavorano. Ho provato a spiegarlo più volte al mio amico, ma non so perché non riesca a capire che se non aprirà gli occhi si ritroverà molto presto senza lavoro. Lo so, è triste ma è la realtà. Eppure per molti operatori di banca c'è ancora spazio per operare una forte riconversione delle mansioni, sia nell'uso della tecnologia sia soprattutto nella capacità di gestire il risparmio. È una questione di costi: si salveranno solo gli uffici di consulenza e coloro che sapranno svolgere quel lavoro.

In questo senso è illuminante un articolo pubblicato da *L'Economia*, l'inserto del *Corriere della Sera* diretto da Massimo Fracaro, il 28 agosto 2017: «Banche, uno strappo da ricucire». Molto interessanti erano due dei grafici che facevano da corredo all'articolo stesso e che riportiamo anche qui. Il primo evidenzia il numero di abitanti per filiale, differenziandolo per nazione.

Numero di abitanti per filiale

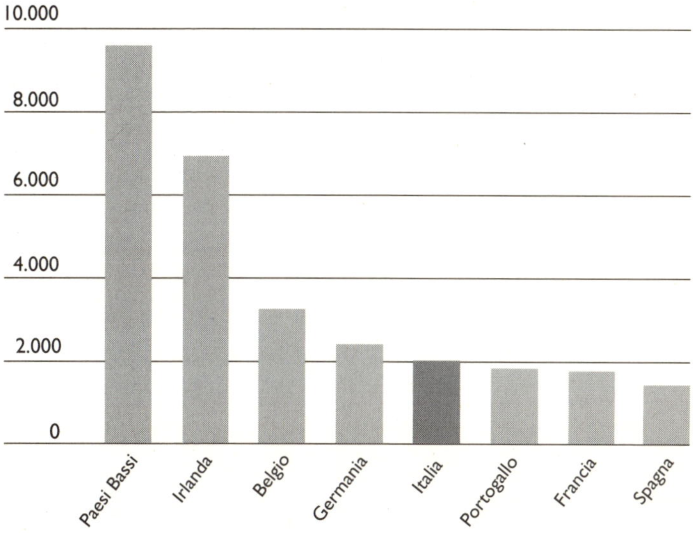

Fonte: Fondo Monetario Internazionale (luglio 2017).

Vediamo dagli istogrammi che da noi c'è uno sportello ogni 2.000 abitanti, mentre nei Paesi Bassi, evidentemente più avanti di noi nell'adeguarsi alla rivoluzione tecnologica, c'è uno sportello ogni 10.000 abitanti. Avete idea di cosa significhi? Che il nostro adeguamento ai parametri medi europei ci costringerà a chiudere almeno tre o quattro sportelli ogni cinque. Fate un po' voi il conto: rispetto ai 25.000 attuali quanti ne rimarranno? È un processo ineludibile. Il perché è evidente nel secondo grafico, che trovate qui sotto.

È evidente che a causa dell'alto numero di sportelli, e quindi di eccesso di personale già attualmente inadeguato rispetto alle reali esigenze e richieste della clientela, da noi il rapporto tra i

Rapporto tra costo del personale e patrimonio totale

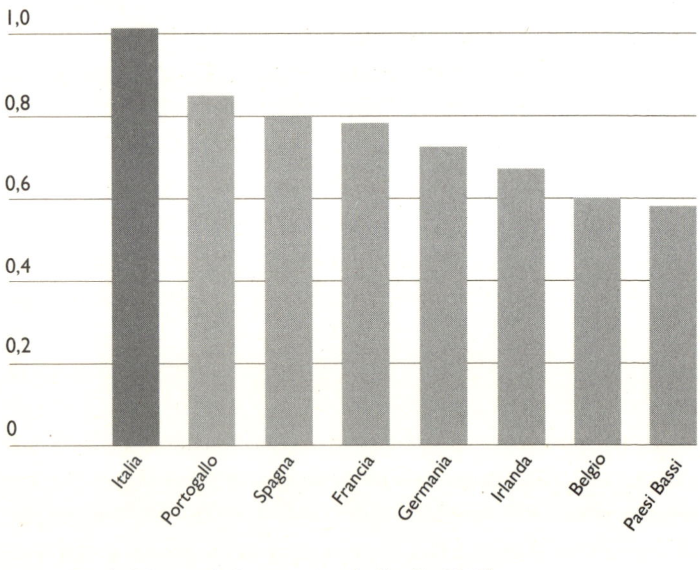

Fonte: Fondo Monetario Internazionale (luglio 2017).

costi e il patrimonio è il più alto rispetto a tutti gli altri Paesi europei. Ovvio che le cose dovranno cambiare, e dovranno farlo in fretta. L'aumento del peso dei costi incide sui bilanci delle banche, quindi ne abbatte la situazione patrimoniale.

Ricordate il CET1?

$$\text{CET1} = \frac{\text{patrimonio}}{\text{prestiti ponderati per i rischi}}$$

Se diminuisce il patrimonio diminuisce l'indice di solidità, e se diminuisce l'indice di solidità la banca che si trova in queste condizioni finisce per subire gli strali degli organi di controllo europei. Con la rivoluzione in atto le banche possono preoccuparsi di fornire credito alle aziende, di essere concentrate sulla centralità del cliente? O si devono preoccupare, trasformandosi repentinamente, della propria sopravvivenza?

C'è un ultimo aspetto della ricerca di KPMG che voglio approfondire: «Le persone dimenticano quello che è stato detto o quello che è stato fatto in passato, ma non dimenticano mai le emozioni e lo stato d'animo con cui hanno vissuto tali esperienze. [...] Le banche tradizionali potranno competere con i nuovi player ripensando e migliorando il modello relazionale con i propri clienti». Quali banche sono in grado di fare questo per i loro clienti? Quali sono in grado di «emozionarli»? Solo quelle che sono già in linea con i tempi e con i parametri di solidità. Ma anche loro dovranno stare attente.

L'approccio con i clienti è cambiato perché sono cambiati i clienti. Vogliono sentirsi al centro dell'attenzione e avere interlocutori che riescano a trasferir loro questa sensazione di centralità, questa capacità emotiva nella gestione del loro percorso di vita finanziaria.

Per questo c'è bisogno che gli operatori siano preparati. Ma la formazione ha un costo, e per la formazione le banche dovranno essere pronte a investire importanti capitali, capitali che, ormai lo avrete capito, incidono sul patrimonio e quindi sull'indice di solidità.

Insomma, anche in questo caso saranno gli istituti più solidi quelli che potranno dotarsi di addetti più preparati, proprio perché avranno a disposizione i capitali da investire per la loro formazione.

Anche questo aspetto dovrà orientare le nostre scelte.

E le imprese? Per le imprese cambia poco. Le banche non potranno alimentarle, non potranno più superare i limiti imposti dalla nuova direttiva europea, di cui abbiamo ampiamente parlato, non potranno più derogare nel rispetto dei parametri di solidità e nel contenimento dei crediti deteriorati. Le banche non potranno pensare alle imprese perché, travolte dallo tsunami della rivoluzione digitale, dovranno preoccuparsi della loro sopravvivenza.

Così, se vogliono evitare di essere fagocitate dai concorrenti che arrivano da mercati che funzionano meglio del nostro, le imprese devono cominciare a guardare ad altre strade e contribuire al cambiamento radicale del nostro mercato dei capitali. Anche loro, con le loro azioni.

La rivoluzione 4.0 non dovrebbe essere legata esclusivamente all'innovazione tecnologica, ma dovrebbe disegnarne anche l'approccio al mondo dei capitali e della finanza.

Senza questo secondo passaggio anche il primo resterà, per molti, forse, solo una chimera.

6

Le nuove regole europee

Il bail-in, lo abbiamo visto, ha cambiato il mondo bancario definendo anche nuove regole di comportamento da parte dei correntisti, chiamati a valutare lo stato di solidità dell'istituto cui *prestano* il loro risparmio (non smetterò mai di evidenziare che versare dei soldi sul proprio conto corrente vuol dire prestare soldi alla banca titolare di quel servizio).

Quello che però dovrebbe farci riflettere è che il bail-in ha segnato una linea Maginot tra il prima e il dopo.

Prima

Prima le banche potevano essere salvate dagli Stati con capitali pubblici, un costo che pesava fortemente sul contribuente ma pesava in maniera consistente anche sulle casse dei singoli Stati.

Le banche non avevano un vero controllo, e i banchieri si sentivano liberi e in dovere di fare ciò che volevano: la loro sembrava essere una specie protetta, visto che essendoci in ballo i risparmi si era sempre evitato di lasciarla fallire. Così molti istituti hanno superato il limite, in alcuni casi di parecchio, concedendosi la libertà di fare operazioni – di cui non sto qui a ricordare e raccontare i particolari – come quelle che hanno portato alla crisi del 2007-2008.

Particolari responsabilità hanno avuto, in tutto questo, anche le autorità di controllo. La commistione tra controllori e controllati è sempre stata rappresentata da una linea sottile, troppo sottile per non essere attraversata.

Pensate soltanto alle agenzie di rating, controllate a livello finanziario proprio da coloro che dovevano giudicare. Una contraddizione troppo forte per essere accettata. Eppure…

Per questo motivo la crisi generata dal fallimento di Lehman Brothers ha costretto a rivedere le regole del gioco. In troppi sono rimasti scottati. Quando ci si scotta, però, non sempre le contromisure prese sono quelle ideali perché sono dettate dalla paura. Il bambino che si scotta con il fuoco fa fatica a riavvicinarsi di nuovo alla fiamma.

Eppure il fuoco, se maneggiato con cura, è utile – così come lo sono le banche che lavorano correttamente –, allontanarsi troppo porta al rischio opposto: il congelamento. Rinunciare al supporto delle banche, o stravolgerne le modalità operative, porta al congelamento del sistema economico, che è esattamente quello che sta accadendo soprattutto nella nostra penisola.

Per capire meglio come siano andate le cose e perché gli organi di controllo finanziario europei abbiano deciso di stringere al laccio il collo delle banche, sarebbe utile fare un salto indietro nel tempo e ricordare ciò che è successo.

La crisi innescata dall'arrogante comportamento di molti istituti finanziari, prima negli Stati Uniti e poi in Europa, ha costretto i governi di mezzo mondo a intervenire pesantemente per evitare disastri che avrebbero messo a repentaglio l'intero sistema economico. Quei famosi giorni del 2008 hanno cambiato la storia: ormai sono passati dieci anni, ma sono in tanti quelli che ancora oggi si leccano le ferite. Molti non hanno neanche più ferite da leccarsi, visto che sono stati cancellati definitivamente dallo sconquasso causato dall'onda anomala finanziaria che, dopo aver spazzato via la geopolitica economica americana, si è abbattuta sull'Europa, scuotendola fino alle sua fondamenta.

Tantissime banche non ci sono più, e con loro anche molte imprese. Un numero mai contabilizzato di famiglie è stato ridotto sul lastrico: hanno perso casa, beni e lavoro. Il potere d'acquisto è diminuito, i redditi hanno perso valore, i risparmi sono stati fortemente intaccati.

Insomma, non è stata una passeggiata in riva al mare... Gli anni che abbiamo attraversato sono stati bui, difficili da decifrare, anni che avrebbero meritato guide politiche migliori di quelle che abbiamo avuto. Nel nostro Paese – ma non solo da noi, è bene ricordarlo – il tasso di disoccupazione è schizzato alle stelle: in particolare tra i giovani ha raggiunto punte del 40%.

Soprattutto, a un certo punto del percorso di ricostruzione del sistema finanziario sono stati proprio molti Stati a rischiare di fallire, a causa di quegli oneri pesantissimi con cui si erano dovuti confrontare per salvare il proprio sistema bancario. Spagna, Grecia, Cipro, la nostra stessa Italia, Portogallo, Islanda, Irlanda... L'elenco delle nazioni ad aver passato «quarti d'ora terribili» da questa parte dell'Oceano Atlantico è decisamente lungo.

Sull'altra sponda, l'allora governo Bush e poi quello di Obama, appena entrato in carica, sono dovuti intervenire con oltre 800 miliardi di dollari per salvare capra e cavoli.

In Germania ne sono stati utilizzati più di 300 per salvare le banche, e lo stesso, sebbene con somme inferiori, hanno dovuto fare Francia, Inghilterra, Olanda e Belgio.

In Spagna, Portogallo e Cipro è dovuta intervenire direttamente la Troika (formata da BCE, Commissione Europea e Fondo Monetario Internazionale) per sanare situazioni di estrema difficoltà. Stati sovrani che, pur di essere aiutati finanziariamente, hanno lasciato che altri sovrintendessero le scelte di politica economico-finanziaria.

Anche l'euro ha rischiato di implodere: molti ricorderanno l'esplosione del rischio sui titoli di Stato. Il termine «spread» in quei giorni è entrato prepotentemente nel nostro lessico quotidiano: non c'era telegiornale, settimanale, quotidiano, notiziario o addirittura discussione da bar che non tenesse conto del differenziale di rendimento tra il BTP italiano e il Bund tedesco. Era più forte lo spread del calcio, l'economia più dei commenti sulla squadra del cuore. Lo spread era diventato il vero spauracchio della finanza di casa nostra.

Se allora non ci fosse stata una fortissima presa di posizione da parte di Mario Draghi, da pochi mesi alla presidenza della BCE, ora staremmo raccontando una storia completamente differente.

«Whatever it takes», dichiarò Draghi. «Nei limiti del nostro mandato, la BCE è pronta a fare qualsiasi cosa per salvare l'euro. E credetemi, sarà abbastanza.» Tanto per dirla con l'idioma italico…

Era il 26 luglio 2012, ed eravamo nel mezzo della crisi del debito sovrano che rischiava di frantumare l'eurozona. I risparmi degli italiani non sono mai stati tanto a rischio come in quei giorni difficili; così difficili da travolgere governi e politici, come il governo Berlusconi, costretto ad abdicare a favore di Monti. Tutto sotto il controllo dello spread. Sono stati giorni così complicati che hanno riscritto interamente la storia economica europea, e non solo quella.

Ma nessun governo, nel nostro Paese o negli altri Stati più in difficoltà dell'eurozona, sarebbe riuscito a sopravvivere senza l'intervento di Mario Draghi. La dichiarazione del presidente della BCE servì a dimostrare in maniera chiara e palese come in quel momento la finanza valesse più della politica, la BCE più degli Stati sovrani, Draghi più di tanti capi di governo.

Grazie a quel «Whatever it takes» l'azione della speculazione finanziaria che stava sgretolando la solidità economica degli Stati più deboli dell'eurozona si ridusse fin quasi a scomparire. Successivamente Draghi ha cominciato a iniettare liquidità sui mercati, a colpi di 60 miliardi ogni mese, un intervento che è stato ridotto a 30 solo nell'ottobre del 2017.

C'è voluta una cura da cavallo per far scendere la febbre e, nonostante tutto, i problemi non sono stati ancora definitivamente risolti. La pesantissima presa di posizione delle banche centrali di mezzo mondo ha generato una profondissima riduzione dei tassi d'interesse. Per la prima volta nella storia economica sono stati registrati tassi d'interesse negativi: bisognava pagare per vincolare dei capitali in titoli di Stato, e in tanti casi bisogna farlo ancora.

Tanto per fare un esempio, all'asta di fine settembre 2017 il BOT semestrale italiano ha raggiunto il suo minimo storico a -0,382%. Avete idea di cosa significhi? Dopo sei mesi l'incauto investitore sarebbe costretto a contabilizzare su 100 euro una perdita di circa 38 centesimi (in realtà essendo l'effetto del tasso su base semestrale, il dazio da versare sarebbe di 19 centesimi circa).

I libri di economia non contemplano i tassi negativi con cui il mondo del risparmio (e non solo) è stato chiamato a confrontarsi. Gli stessi economisti fanno fatica a spiegarli. Siamo entrati in un mondo nuovo, che in *Soldi sicuri* ho definito «capovolto»: il mondo di quelli che vanno «a testa in giù» e che hanno perduto ogni punto di riferimento.

Ho più volte sottolineato come un tasso negativo sia una contraddizione in termini, perché dovremmo parlare di costi, non di tassi. Se dopo sei mesi, nel caso dell'esempio sopra riportato, si contabilizzano 19 centesimi in meno, non vuol forse dire che abbiamo sostenuto un costo (di 19 centesimi) per quell'operazione?

Paradossalmente, l'effetto dei tassi negativi ha però inciso più sui conti delle banche che su quelli dei risparmiatori. Se questi ultimi si sono trovati senza reddito e nell'impossibilità di remunerare i capitali accantonati, gli istituti di credito sono andati incontro a grosse perdite.

Le banche, come abbiamo visto, hanno la funzione, da un lato di raccogliere risparmi, che in passato venivano remunerati con un tasso d'interesse positivo, e dall'altro di prestare soldi alle imprese e al sistema, ricevendone in cambio una buona contropartita economica. Se alle imprese si prestava all'8-9% e ai risparmiatori si pagava il 2-3%, è chiaro che per le banche c'era un buon margine di utile, fornito proprio da quel 6-7% di differenza tra gli attivi e i passivi (per le banche gli attivi sono i prestiti e i passivi gli interessi da pagare, per esempio sui conti correnti).

L'appiattimento, verso e sotto lo zero, dei tassi d'interesse ha cancellato questa differenza e ha così eliminato una delle principali voci di utile nei bilanci delle banche, costrette anche per questo a rivedere completamente il loro modello di business.

Senza utili e con le perdite generate dal bail-in, dai crediti deteriorati e dagli impatti della rivoluzione tecnologica, le banche hanno dovuto mettere in conto, in questi ultimi anni, perdite così consistenti da erodere buona parte dei loro patrimoni.

Ricordate il CET1? Se scende il patrimonio scende anche l'indice di solidità. Anche per questo motivo le banche hanno smesso di erogare prestiti, e lo faranno sempre meno.

Un'analisi chiara del fenomeno è quella dell'amico Marco Giorgino, docente di finanza e risk management al Politecnico di Milano, spesso ospite del mio programma *Mercati che Fare*.

«È lecito aspettarsi che in futuro ci sia un ruolo sempre meno dominante dei prestiti provenienti dal mondo bancario nella struttura delle imprese. Con questo non voglio dire», ha aggiunto Giorgino, «che la banca non sarà più legata al mondo imprenditoriale del nostro Paese, ma lo sarà in maniera diversa. E poi sono i numeri che lo testimoniano già.»

Marco si spiega meglio. «Mentre il livello del PIL italiano, che in qualche modo è espressione del valore dell'economia del nostro Paese, è tornato nel 2016 agli stessi livelli del 2008 (pensate che perdita di ricchezza c'è stata in questi otto anni), i prestiti che le banche hanno fatto alle imprese negli ultimi quattro anni sono scesi di circa il 7-8%.»

Questi sono gli effetti del prima, prima che Lehman Brothers fallisse.

Dopo

Dopo tutto questo, la paura che potesse accadere di nuovo, che il fuoco tornasse a bruciare, ha indotto gli organi di controllo europei a modificare completamente l'approccio alla risoluzione delle crisi bancarie. Basta interventi degli Stati, con il rischio di dissesti ancora più pesanti e insostenibili.

Bisognava cambiare rotta. E allora… Allora che le banche paghino per i propri errori, che non ci sia più alcuna rete di salvataggio nel caso in cui i banchieri si azzardino a fare «salti mortali» non previsti dalle regole.

E così sono esplosi i controlli. Le banche sono state sottoposte a continue analisi e verifiche; giustissime, per carità, ma sono state anche valutate in situazione di eventuali stress di mercato che per ora, per fortuna, non si sono verificate.

È proprio a queste condizioni di stress, situazioni quasi estreme, che alcuni istituti di casa nostra non hanno saputo rispondere, tanto da essere messi nelle condizioni o di farsi salvare (come MPS), o di essere liquidate (come Popolare di Vicenza e Veneto Banca, finite nella galassia Intesa).

Insomma, per dirla tutta, alcune banche, stando alle condizioni di mercato attuali, potrebbero essere ancora in vita. Proprio in virtù di questo, si potrebbe muovere una critica alla metodologia di verifica messa in piedi dagli organi di controllo e di vigilanza europei. Va anche detto, però, che nuove normative alla mano (bail-in), e non potendo escludere a priori crisi finanziarie future, è corretto a mio avviso tutelare i risparmiatori da choc futuri.

Che le banche siano solide, quindi, e che il risparmio non debba essere mai messo a rischio da situazioni che nulla hanno a che vedere con il normale andamento dei mercati finanziari.

Resta comunque il dubbio, un po' come in *Minority Report*, ormai un classico, diretto da Steven Spielberg e ispirato al racconto omonimo di uno dei più grandi scrittori di fantascienza: Philip K. Dick.

La trama del romanzo da cui è tratto il film è davvero particolare. Grazie a modalità che non stiamo qui a raccontare, la polizia del futuro è in grado di arrestare un omicida qualche attimo prima che commetta un delitto. La chiamavano «Precrimine», Precog nei dialoghi originali del film.

Nella storia, però, a un certo punto, le certezze vacillano. Il nucleo di polizia capace di prevenire i delitti futuri rischia di implodere proprio per colpa del dubbio, per colpa di una domanda legittima: e se l'uomo arrestato prima non avesse poi commesso il delitto, sarebbe stato lecito punirlo comunque? (Un breve inciso: se non lo avete già fatto, guardate questo film perché è splendido.)

Nel caso delle banche sappiamo già com'è andata… Non c'è nessun film da guardare, solo storia già scritta. Ma quella storia è figlia della paura delle crisi e dei fallimenti degli ultimi anni: della politica, degli organi di controllo, delle istituzioni finanziarie.

Quella paura sta ridisegnando il nuovo modo di fare banca. La banca, per come la conosciamo noi, probabilmente non esisterà più, proprio perché tutte le regole introdotte per controllarne lo stato di salute la stanno allontanando da quel modello che l'ha contraddistinta per oltre cinque secoli: raccogliere il risparmio, erogare il credito.

Oggi le banche si orientano, gioco forza, verso modelli differenti: più gestori di risparmi che gestori del credito alle imprese e alle famiglie.

Abbiamo già detto nelle pagine precedenti dei limiti imposti dalla BRRD (la Bank Recovery and Resolution Directive: così si chiama la direttiva che ha introdotto il bail-in). Questa però da sola non basta a spiegare il cambio di paradigma. Un altro freno per le banche nell'erogare prestiti è rappresentato dagli accantonamenti.

Di cosa si tratta? Provo a spiegarlo in due parole.

Se una banca presta denaro a un'impresa o a una famiglia, in percentuale al prestito erogato deve mettere da parte (accantonare) una somma di denaro congrua in funzione del prestito emesso.

Perché questo? Per evitare che nel caso in cui l'impresa o la famiglia non riesca a restituire i capitali ricevuti (generando così un credito deteriorato) la banca non si trovi eccessivamente scoperta dal punto di vista finanziario.

Corretto? Sì, assolutamente corretto. Però c'è un ma... Per la banca quegli accantonamenti non producono valore, anzi lo riducono. Sono somme infruttifere che pesano sui bilanci.

Con le nuove normative di vigilanza tali accantonamenti obbligatori sono stati notevolmente incrementati. Non solo: cambiano da banca a banca e crescono in percentuale con l'aumento dei crediti deteriorati in carico alla banca stessa.

È chiaro ora? Le banche italiane faranno sempre più fatica a prestare denaro, se prima non riusciranno a liberarsi in qualche modo di quel fardello di crediti deteriorati di cui abbiamo più volte parlato nelle pagine di questo libro.

E c'è dell'altro. Le nuove regole che potrebbero essere imposte per il 2018 dal capo della vigilanza BCE, la francese Daniele Nouy, sarebbero ancora più stringenti. Questo il testo ufficiale della bozza di regolamento che prima sarebbe dovuta entrare in vigore a partire dal 1° gennaio 2017 e che poi è stata fatta slittare, ma che comunque rischia di far sentire i suoi effetti entro quest'anno:

> Ci si aspetta che le banche coprano integralmente la quota non garantita dei nuovi NPL (*Non Performing Loans,* cioè i crediti deteriorati, *N.d.A.*) al più tardi dopo due anni e la quota garantita dopo un massimo di sette anni.

Tre righe, solo tre righe per dire che non si ammette più che i crediti deteriorati non siano tutelati da accantonamenti congrui al tipo di credito erogato, a seconda che quel credito sia garantito o meno. Naturalmente il documento si riferisce a tutte le nuove esposizioni che verranno classificate come «Non Performing» a partire dal 1° gennaio 2018.

Tuttavia, anche sul pregresso la vigilanza della BCE fa intendere che nulla sarà lasciato al caso:

> Entro la fine del primo trimestre del 2018 la vigilanza bancaria della BCE presenterà le proprie considerazioni su ulteriori politiche per fronteggiare le consistenze di NPL in essere, incluse disposizioni transitorie appropriate.

Si tratta di un vero e proprio giro di vite, di fatto una vera e propria lotta contro i crediti deteriorati. Contro l'emissione di queste nuove regole, dettate da Francoforte, c'è stata una levata di scudi da parte del sistema bancario italiano. Addirittura, in un documento, il Monte dei Paschi ha fatto sapere che a causa delle nuove regole della vigilanza europea il piano industriale presentato potrebbe non raggiungere gli effetti desiderati.

Insomma, gli oneri per tornare a un «sistema normale» sembrano altissimi. Ma alla fine, se servono per salvare i risparmi e coloro che li detengono, credo sia giusto che le regole ci siano e che vadano rispettate, a prescindere dal Paese di appartenenza.

L'importante è che le regole siano uguali per tutti. E questo, lo abbiamo visto nel corso degli ultimi anni, non sempre è risultato essere vero.

E lo volete l'ultimo paradosso? Per rispondere alle continue richieste di verifiche dei bilanci e dei conti dei singoli istituti, gli organismi europei di controllo stanno costringendo questi ultimi a dotarsi di un'organizzazione interna così capillare, specializzata e onerosa (chiamata «Compliance») tale da essere diventata una delle più importanti voci di costo proprio nei bilanci delle banche stesse. Insomma, per controllare i costi degli istituti di credito sono state create delle nuove e pesanti voci di costo, che incideranno sui bilanci, sui patrimoni e sugli indici di solidità.

Non è un controsenso anche questo?

L'Italia, le sue banche e le sue imprese saranno quelle che

in questa fase di transizione, e con questi nuovi regolamenti di controllo, soffriranno di più. Il sistema economico del nostro Paese era fortemente banco-centrico, ma è ormai ovvio che quel sistema, in virtù di quello che abbiamo raccontato, non potrà più essere sostenibile.

Così, se e quando tutto sarà tornato alla normalità, se e quando ci saranno banche solide, sicure e alleggerite dai crediti deteriorati, queste avranno cambiato completamente il loro modello di business e saranno molto più orientate verso i servizi e la gestione del risparmio che del credito.

È un cambio di paradigma. Totale. Ma bisogna prenderne atto.

Non entro nel merito della bontà o meno delle scelte fatte dalle istituzioni finanziarie europee; mi limito a fotografarle, a raccontare la realtà. Capisco però chi urla allo scandalo pensando che l'Italia sia sempre quella più penalizzata, che le scelte europee non sempre siano nell'interesse comune (uso un eufemismo, naturalmente) ma che siano nell'interesse di pochi, in particolare della Germania.

È populismo? Forse in parte, ma non del tutto. Basta leggere la realtà per quella che è.

La crisi del sistema bancario di casa nostra rischia di diventare la crisi delle imprese italiane, a tutto vantaggio della filiera manifatturiera tedesca che, guarda caso, ha proprio nell'impresa italiana il suo maggiore e unico concorrente in Europa.

Demagogia? Non ne sono certo, ma non lo escludo. Capisco anche che chi ha il potere in qualche modo sia portato a esercitarlo. Capisco anche che se ci fossimo fatti trovare più pronti e più attenti ora non ci sarebbe bisogno di regolatori esterni che dettano regole in casa nostra.

Se avessimo aiutato le imprese, invece di affossarle con fisco, burocrazia e bieco populismo, forse oggi ci troveremmo a primeggiare in Europa. Se chi avesse dovuto controllare l'operato di banche e banchieri lo avesse fatto, ora non ci troveremmo nelle condizioni in cui siamo, non ci troveremmo a dover elemosinare un alleggerimento di una norma o i tempi di applicazione di un'altra.

Se... Ma con i se e con i ma non si fa la storia. I se e i ma sono buoni per le chiacchiere da bar e nient'altro.

Io non posso che fotografare la realtà e cercare di descriverla con semplicità e onesta intellettuale. E la realtà ci dice che le banche presteranno sempre meno e che per le imprese italiane ci sarà sempre più bisogno di ossigeno (ovvero liquidità), con il rischio di diventare in futuro prede ancora più facili per i forti acquirenti in arrivo dall'estero.

Insomma, la stagione dei saldi, nella nostra penisola, potrebbe essere appena cominciata.

A meno che...

PARTE SECONDA

L'Italia del risparmio

7

Il popolo dei BOT

VOGLIO cominciare questo capitolo con un'ottima notizia. Gli italiani possiedono una delle più grandi riserve di risparmio tra tutti i Paesi più industrializzati. Possiamo dire che, anche sotto questo punto di vista, siamo davvero un Bel Paese.

Noi e le generazioni precedenti abbiamo fatto davvero un bel lavoro di accantonamento. La cifra totale dei risparmi italiani oggi sfiora i 4.300 miliardi di euro. Una somma straordinaria, e sto parlando solo della liquidità: titoli di Stato, fondi comuni d'investimento, azioni, obbligazioni, libretti di deposito, conti correnti, conti di deposito, assicurazioni eccetera. A questa somma vanno aggiunti anche i patrimoni immobiliari, che nel nostro Paese assumono altrettanta rilevanza, visto che le ultime stime parlano di un valore complessivo, tra residenziale e commerciale, che si avvicina ad altri 4.000 miliardi di euro.

Insomma, non si può certo dire che ce la passiamo male; o comunque non troppo. Certo, la ricchezza non è distribuita in maniera uniforme, e ci sono importanti sacche di povertà, ma mediamente il nostro non è un Paese di poveri. Anzi.

L'Italia però è messa male dal punto di vista pubblico. Il

debito accumulato negli ultimi anni ha superato nel 2017 la soglia dei 2.300 miliardi di euro, tanto che più di qualcuno lascia presagire che in futuro – un futuro neanche tanto lontano – potrebbe essere proprio un prelievo forzoso dal «monte risparmi» a risolvere il problema del debito pubblico.

Le modalità potrebbero essere tante, a cominciare da una radicale rivisitazione delle normative relative alle tasse di successione, che da noi sono decisamente più «leggere» – uso un eufemismo – rispetto al resto degli altri Paesi industrializzati. La franchigia di 1 milione di euro, al di sotto della quale la successione non è dovuta, mette in sicurezza molti patrimoni famigliari. Almeno, oggi è così.

Ma domani? È lecito chiederselo, perché, come i crediti deteriorati rappresentano il fardello da eliminare per risanare i bilanci di una parte consistente delle nostre banche, anche il debito pubblico dovrà essere alleggerito per evitare che lo Stato non si trovi ad affrontare un possibile fallimento, così come già accaduto ad altre nazioni.

Ricordate la Grecia, l'Argentina, la crisi dei titoli di Stato italiani tra il 2011 e il 2013? Di debito pubblico e di come contenerlo e alleggerirlo si continuerà a parlare moltissimo, nei prossimi mesi. Non dimentichiamoci che in Italia risparmi e debito pubblico corrono di pari passo. Sono entrambi abbastanza giovani. Non a caso noi siamo definiti il «popolo dei BOT», degli investitori in titoli di Stato.

Dal dopoguerra e fino a poco meno di cinque anni fa, infatti, i titoli di Stato rappresentavano l'unica, o quasi, vera forma d'investimento dei risparmiatori italiani. Altissimi rendimenti, altissima sicurezza. Inoltre, tassazioni sempre agevolate rispetto ad altre forme d'investimento, con lo Stato che diventava il primo concorrente di qualunque forma di finanziamento alle imprese.

Ancora oggi investire in titoli di Stato costa il 12,50% dei rendimenti, mentre farlo in Borsa costa il 26%. Non è concorrenza sleale, questa? Forse anche qualcosa in più che sleale. Ma questa non è l'unica considerazione negativa che va fatta su questa pratica; ce ne sono due altrettanto importanti.

La prima è relativa allo stesso sistema Italia. Il denaro degli italiani non è mai diventato produttivo, non ha mai raggiunto direttamente le imprese, non ha mai investito sulla crescita, o almeno non lo ha fatto direttamente. Questo ha determinato la nascita di quel banco-centrismo di cui abbiamo parlato nelle pagine precedenti, che oggi, con il suo fallimento, rischia di determinare una nuova paralisi economica.

L'investimento in titoli di Stato ha incrementato anche l'innalzamento consistente del debito pubblico: era proprio lo Stato a pagare interessi altissimi. I cittadini sono diventati ricchi alle spalle di uno Stato sempre più indebitato, che prima o poi sarà chiamato a rispondere per quel debito maturato e così elevato.

A chi farà riferimento se non ai cittadini stessi?

In poche parole, siamo al cane che si morde la coda.

La seconda importante considerazione da fare è legata allo stesso mondo del risparmio e dei risparmiatori, ed è quella che io definisco la «diseducazione del BOT». Con i titoli di Stato così «accattivanti», chi si sarebbe mai deciso a guardare verso altre strade? Che senso avrebbe avuto?

Il nostro scarsissimo livello di educazione finanziaria è spiegato anche da questo. Siamo stati letteralmente diseducati dai BOT, non abbiamo mai avuto necessità di guardarci attorno. E ora che quella necessità è emersa in maniera così prepotente dalle condizioni di mercato, ecco che ci ritroviamo nelle condizioni in cui non ci saremmo mai voluti né dovuti trovare.

Il crollo repentino dei tassi d'interesse ha disorientato tutti, ma in particolare noi italiani. Sono i numeri a raccontarlo. Dei 4.300 miliardi di euro di risparmi di cui parlavamo prima, oggi circa un terzo, quindi circa 1.300 miliardi, sono depositati sui conti correnti, dove sappiamo di non avere alcuna remunerazione, e dove anzi l'unica certezza è quella di maturare delle minusvalenze (ovvero differenze negative) generate dai bolli e soprattutto dalle commissioni bancarie.

Ma siccome non credo che gli italiani siano un popolo di pazzi e incompetenti, sono certo che ci sia una logica a determinare una scelta che a prima vista appare tanto scellerata. Quella scelta è determinata dall'incertezza: non sapendo cosa fare, gli italiani scelgono di non fare, e depositano i soldi sul conto corrente in attesa che torni il «sereno» (cioè che i tassi riprendano a salire).

Questa sarebbe una scelta coerente se il periodo di tassi bassi fosse circoscritto in un arco temporale di pochi mesi. Invece questa condizione di negatività, di mondo capovolto, dura ormai da molti anni e rischia di protrarsi ancora per un bel po'.

Mario Draghi ha dichiarato che, finché ci sarà lui alla guida della BCE, i tassi non riprenderanno a salire. Vi ricordo che sarà in carica fino al 2019. Ci aspettano quindi almeno altri due anni da aggiungere a quelli già passati senza crescita?

Ma non sono necessarie le dichiarazioni del governatore della BCE per capire come, guardando avanti, la situazione legata ai tassi d'interesse sia ancorata a valori relativamente bassi, in alcuni casi addirittura negativi. Per rendersene conto è sufficiente osservare le curve dei tassi nel lungo periodo che in alcuni Stati europei proiettano «rendimenti negativi» fino ai dieci anni di vincolo.

C'è un'altra curiosa condizione tipica di quest'ultimo periodo che dovrebbe saltare all'occhio e accendere qualche campanello d'allarme. Mi riferisco alle emissioni centenarie: cominciano a essercene tante a disposizione del mercato, troppe per non far riflettere su quali potrebbero essere le prospettive future del mercato dei tassi d'interesse.

Sì, avete capito bene: emissioni centenarie, titoli di Stato che durano cent'anni, addirittura a cavallo tra due o più generazioni.

In Italia per ora ci siamo fermati alla metà del tempo, con un BTP (ribattezzato «Matusalemme») che dura solo – si fa per dire – cinquant'anni, anche se non è detto che pure da noi non si decida di seguire strade più lunghe per il futuro. Staremo a vedere...

Dopo Belgio, Irlanda e Messico si è associata al club dei centenari anche l'Austria, che proprio nel secondo semestre del 2017 ha emesso un titolo «lungo un secolo», dotato di una cedola capace di arrivare «addirittura» al 2,1% lordo.

Capite allora quale potrebbe essere la direzione presa dai tassi d'interesse?

Va detto che aumentando notevolmente il livello di rischio si può trovare qualcosa di più interessante sul mercato. L'Argentina, per esempio. Anche il Paese di Maradona e Messi ha emesso un titolo della durata di cent'anni.

Qui però il rendimento è decisamente più alto, supera addirittura l'8% lordo. Ma ve la sentite di investire sul titolo centenario emesso da uno Stato che ha nel suo palmarès un numero imprecisato di fallimenti con relativi congelamenti del debito? Lascio a voi la risposta...

Tuttavia sta di fatto che, a meno che non si voglia rischiare parte dei 1.300 miliardi, l'investimento in titoli di Stato non rappresenta più una strada agevole da seguire, anche perché più che la «strada del rialzo» è possibile che si continui a percorrere ancora a lungo il «sentiero della stasi».

Restiamo così come stiamo, insomma, e anche se si dovesse avere una piccola inversione di tendenza state pur certi che prima di arrivare a valori accettabili, valori in grado di sostenere positivamente la crescita dei nostri risparmi, passerà ancora parecchio tempo.

Del resto basti pensare al livello da cui si ripartirebbe: da valori negativi. Così, se ci dovesse essere inversione di tendenza, prima si dovrà tornare alla normalità, cioè bisognerà riportarsi almeno sulla linea dello zero, e solo allora si potrà guardare ad altri obiettivi.

I nostri 1.300 miliardi di liquidità rischiano quindi di rimanere a secco per lungo tempo; anzi, rischiano di depauperarsi ancora tanto, se non decideremo di fare scelte diverse rispetto a quelle adottate negli ultimi anni.

In questo, però, la diseducazione del BOT non ci aiuta. Mi riferisco al fatto che l'investimento in titoli di Stato ci aveva abituati a cose facili:

- rendimento;
- sicurezza;
- fiscalità agevolata;
- possibilità di facile smobilizzo;
- stabilità e ridotta oscillazione;
- facilità di sottoscrizione;
- costi contenutissimi;
- nessuna necessità di percorrere strade alternative o parallele;
- essere la medicina per tutte le esigenze (la panacea per tutti i mali).

Quanto pagheremmo oggi per un prodotto che avesse queste caratteristiche? Capite bene perché i titoli di Stato rappresentassero la pietra filosofale del risparmiatore italiano? Eppure è bastato che solo la prima di quelle caratteristiche venisse meno (il rendimento), perché tutte le altre diventassero poco interessanti.

Ci eravamo abituati ad avere rendimento senza sforzarci di cercarlo, e oggi ci troviamo nell'incapacità di trovarlo.

Ci eravamo abituati a ritenerci sicuri e abbiamo sempre rifuggito scelte più azzardate, anche a discapito di redditività più elevate. Ci siamo abituati alla mancanza di oscillazione, e oggi facciamo fatica a capire che è proprio grazie alla volatilità che si può ottenere rendimento.

Ci eravamo abituati a non doverci occupare dei nostri risparmi e a non informarci adeguatamente. A cosa serviva del resto? Ma oggi cambiare abitudini ci crea un costo emotivo che facciamo fatica a sopportare.

Ci eravamo abituati a non pagare per gestire il risparmio, come se tutto fosse dovuto. Invece, oggi che dobbiamo affrontare costi differenti dal passato per utilizzare servizi sempre più complessi, facciamo fatica a valutarne il rapporto con i benefici che eventualmente riceviamo.

Ma non basta, perché il BOT, con le sue caratteristiche, ci ha allontanato anni luce dalla più importante regola aurea del risparmiatore: la massima diversificazione. Diversificare permette di cogliere più opportunità di mercato e di ridurre al minimo il rischio di fallimento e di perdita. Sembra banale, ma non lo è.

Investo sul dollaro, sull'euro o sullo yen? (Stiamo parlando di valute, in questo caso.) Non avendo la sfera di cristallo, l'unica risposta seria che riesco a dare a questa domanda è: «Non lo so». E come me nessun altro lo saprebbe.

Qualcuno tira a indovinare, qualcuno «ci prende», qualcun altro sbaglia.

Se punto le mie fiches su tutte e tre le valute non diminuisco forse il mio rischio? Non aumento le mia possibilità di rendimento? La stessa identica cosa vale per tutti gli altri tipi di titoli: azioni, obbligazioni, certificati, fondi, ETF (Exchange-Traded Fund) eccetera.

Su cosa scommetto?

Quando si tratta delle mie garanzie, del futuro mio e della mia famiglia, non mi piace fare delle scommesse. Voglio avere delle certezze, e diversificare mi aiuta ad averne: magari non mi darà il miglior risultato, ma neanche quello peggiore.

Nel mezzo sta la virtù… dicevano gli antichi. Mia nonna diceva anche di non mettere tutte le uova nello stesso cestino. «Se inciampi pensa che frittata faresti», mi ammoniva sempre.

Eppure la virtù della diversificazione per i risparmiatori del Bel Paese è quasi sconosciuta. Indagini di mercato evidenziano come la stragrande maggioranza degli italiani abbia pochissimi titoli in portafoglio, in media due a testa. Per lo più si tratta di azioni e obbligazioni della banca presso cui si ha anche il proprio conto corrente: una concentrazione di rischio impressionante, che dopo la nascita del bail-in ha trasformato questo genere di investimenti in una sorta di bomba a orologeria.

Pensiamoci. Pensateci.

C'è dell'altro, naturalmente, ed è la parte più onerosa nella gestione dei risparmi di casa nostra. Non abbiamo preso la buona abitudine di costruire la nostra «casa finanziaria», il nostro «percorso di vita finanziario», il nostro «progetto finanziario»… Insomma chiamatelo come vi pare, ma credo che sia chiaro a cosa mi stia riferendo.

Non esiste la panacea per tutti i mali, in ambito medico come in quello architettonico, nel diritto come in qualunque altro settore. Ogni scelta ha il suo modello di risposta, il suo modello d'applicazione, il suo tempo di realizzazione e il suo progettista.

Vale anche per la finanza, per la gestione del denaro: il proprio progetto di vita deve sposarsi con il suo omologo finanziario.

Gli accantonamenti per la casa, i figli, la sicurezza, la previdenza, le vacanze, i viaggi, il ristorante, le tasse e chi più ne ha più ne metta, rappresentano obiettivi diversi da raggiungere. Ognuno di noi potrebbe stilare la propria lista delle priorità, sia di quelle odierne che di quelle future.

In realtà lo abbiamo sempre saputo, anche quando usavamo il BOT per risolverle tutte. Ma oggi, che non è più così, dobbiamo trovare la giusta strada, il giusto percorso, il giusto prodotto finanziario in grado di portarci lì dove vogliamo e dobbiamo arrivare. E tutto questo da soli non possiamo proprio farlo. Abbiamo bisogno del «progettista», un professionista che conosca prima di tutto noi clienti, che conosca i mercati, che conosca i prodotti e che facendo il mio interesse faccia anche il suo.

Avete mai visto un professionista affermato che non guadagni per la qualità del suo lavoro? Io non lo vorrei uno che non fosse così. Non gli affiderei la mia vita finanziaria, perché dalla realizzazione dei miei progetti finanziari dipende anche la mia vita di oggi e di domani. Dalle mie scelte dipende il futuro di Chiara e Arianna, le mie figlie; quando penso al loro futuro so che non posso permettermi di sbagliare.

Mi preoccupo dei costi quando continuo a buttar via «mancati interessi» e «mancati guadagni» anno dopo anno? Sarà importante scegliere il professionista che mi affiancherà per una vita intera. E se quel professionista sarà in gamba non lo pagherò mai abbastanza. Ma se quel professionista del risparmio non sarà adeguato, allora qualunque somma avrò pagato sarà sempre stata troppo alta.

Da solo, oggi, posso solo preoccuparmi, vivere male il presente e guardare con ansia al futuro. Senza guida ho paura del futuro, e la paura non è proprio una compagna di viaggio ideale, anzi. Da solo non sono in grado di fare le scelte migliori, sia per la mia vita sia per quella delle mie figlie.

Senza l'aiuto di cui ho bisogno, la mia quota parte dei 1.300 miliardi di euro (qualunque essa sia) depositata sul conto corrente non rappresenterà mai alcuna garanzia del mio e del loro benessere di domani.

I 1.300 miliardi sui conti correnti oggi rappresentano la nostra coperta di Linus, ma domani basteranno? Nel domani non siamo in grado di proiettarci, perché lo facciamo con gli occhi e la consapevolezza di oggi, rischiando di guardare al futuro con occhi miopi e stanchi e di arrivarci così impreparati.

Non è forse diseducazione, questa? La diseducazione del BOT. Ma cosa sarebbe accaduto se non avessimo avuto un rendimento così alto in titoli di Stato?

Sono convinto che avremmo avuto un Paese più dinamico, capace di puntare maggiormente sulla crescita delle proprie aziende e sulla valorizzazione delle tante eccezionali peculiarità di cui abbiamo parlato nelle pagine precedenti.

La spesa pubblica sarebbe stata più contenuta, ma questo non avrebbe impedito di far crescere l'Italia. Ci sarebbe stato meno clientelismo e più valore per la meritocrazia. Sono convinto che il nostro sarebbe stato un Paese migliore.

Anche il nostro debito pubblico sarebbe stato inferiore a quello di oggi. Le nostre aziende avrebbero avuto altri numeri ed espresso maggiori potenzialità rispetto a quanto non siano in grado di fare nonostante tutto il fardello (burocrazia e fisco) che sono costrette a sopportare.

L'Italia sarebbe stato un Paese ancora più bello, più pronto, più attivo. Un Bel Paese.

Non solo: anche il risparmiatore sarebbe stato più evoluto, avrebbe imparato a pianificare e a cercare le strade migliori per raggiungere i propri obiettivi finanziari. Inoltre il risparmio sarebbe stato orientato alla crescita, e forse non avremmo dovuto neanche fare i conti con la crisi bancaria che attanaglia la penisola ormai da qualche anno.

Utopia? Può darsi, non abbiamo la controprova che tutto questo sarebbe davvero accaduto, ma neanche quella opposta. A me però piace pensarlo, e soprattutto mi piace pensare che si possa davvero ancora andare incontro a un'Italia migliore e diversa da quella che conosciamo.

8
La base della piramide

Sono seduto al ristorante del mio amico Mauro Uliassi, a Senigallia. Dal tavolo in cui mi hanno fatto accomodare si vede il mare. La spiaggia è lì a due passi, c'è poca gente.

È una splendida giornata di fine ottobre, tersa. I colori sono forti, il mare piatto, appena increspato dalle onde che si infrangono, senza far rumore, sul bagnasciuga.

Qualcuno passeggia, qualcuno altro corre. Rifletto. Negli ultimi anni l'attenzione a una corretta qualità della vita è cresciuta: c'è molta più gente che fa sport, le palestre sono affollate, le strade piene di runner. C'è molta più attenzione anche per l'alimentazione, per cosa mangiamo e per come mangiamo.

Non tutti fanno sempre la cosa giusta, comunque: c'è chi esagera, chi va oltre i suoi limiti, chi diventa un estremista delle accortezze alimentari. Il trend, però, al netto di questi eccessi, è chiaro: le cose sono davvero cambiate, e in meglio. Non ho mai visto mio padre uscire per andare a correre (mi immalinconisco ripensando a lui), ma nell'ultimo periodo della sua vita aveva preso l'abitudine di fare delle lunghe passeggiate. Anche il suo mondo stava cambiando.

Poi ripenso alle mie figlie e sorrido.

Spesso discutiamo proprio per ciò che mangiano. Troppi dolci, troppa carne, troppi grassi… O almeno quella è la mia impressione osservando ciò che le vedo ingurgitare: pane e cioccolate spalmabili, pancake, biscottini vari e altra «robaccia» che da ragazzino non credo di aver mai mangiato.

Mauro, lo chef, mi raggiunge proprio mentre penso con rammarico al pane tostato sul fuoco, con un filo d'olio, che mi preparava zia Teresa. Riassaporo con il gusto del ricordo le sue torte fatte con uova di galline che chiamava per nome, le sue lasagne, i suoi gnocchi. Per fortuna oggi c'è mia suocera, che mi aiuta a ritrovare qualcuno di quegli antichi e sani sapori.

Mi alzo per andare incontro a Uliassi. Ci abbracciamo, era da un po' che non ci vedevamo, ma passando nelle Marche per lavoro avevo deciso di non lasciarmi sfuggire l'occasione di pranzare da lui.

Allungare di qualche chilometro il viaggio non è stato un problema, e avere l'opportunità di assaggiare i suoi piatti è il premio straordinario della mia giornata. Non è un caso che la Guida Michelin lo abbia insignito di due stelle, anche se a mio avviso – ma il giudizio è personalissimo – meriterebbe qualcosa di più.

Mentre chiacchieriamo, a fine pasto, continuo a seguire con lo sguardo la gente che corre lungo la spiaggia. Glielo faccio notare.

«Non è importante solo il movimento», mi dice. Poi prosegue: «Pensaci. Noi siamo quello che mangiamo. Te lo dico perché, facendo il lavoro che faccio, ne avverto tutto il peso. Ogni volta che porto un piatto in tavola per uno dei miei clienti sono responsabile della sua salute. Ognuna delle persone che siede ai nostri tavoli delega a noi il suo benessere, e noi dobbiamo prendercene cura, la massima cura. Con il cibo entriamo dentro di loro, dentro il loro corpo. Non credo ci sia niente di più invasivo, di così intimo, come quello a cui siamo chiamati a fare noi cuochi».

Resto in silenzio per qualche minuto. Il suo punto di vista è più che condivisibile. È logico.

«Ma nessuno ci riflette», gli dico. «Se pensassimo a questo ogni volta che entriamo in un ristorante, ogni volta che mangiamo un panino...» Lascio in sospeso la frase proprio per fargli intendere il disagio che le sue parole mi hanno creato.

«Non dobbiamo star sempre a concentrarci su questo. Non i consumatori, almeno. Ma io che faccio il cuoco devo preoccuparmene eccome. Dev'essere questa la vera guida del mio lavoro. Sono consapevole – devo esserlo – che con i prodotti che servo da mangiare posso incidere sul benessere dei miei clienti. Non posso non farmene una ragione di vita professionale.»

Mangiamo assieme un dolce, poi ci salutiamo con la promessa di rivederci presto.

Sono passati tre anni, da allora. Siamo sempre così fagocitati dalle cose della vita che «presto» non è più sinonimo di tempo breve. Ma anche se non ci siamo più visti e se da allora non ho mangiato più le sue prelibatezze, ciò che Uliassi mi disse quel giorno non l'ho più dimenticato. Infatti ho cominciato a fare molta più attenzione alla mia alimentazione.

Oggi sono consapevole di quanto avesse ragione. Noi ci alimentiamo attraverso il cibo, che ci dà energia, forza e sostiene i nostri muscoli. Ma gli alimenti sbagliati, quelli di qualità scandente o quelli ingurgitati in dosi eccessive possono avvelenarci. Berreste del detersivo? Addentereste una saponetta? No, vero?

Da allora ho cercato di documentarmi. Non ne ho fatto una malattia, perché anche in questo settore gli eccessi sono errati, ma ho cercato di capire cosa fosse giusto o sbagliato mangiare e in che modo supportare correttamente il mio organismo con una corretta alimentazione.

Un po' di sano moto ha fatto il resto, e devo dire che mi sento meglio. Tutto questo senza rinunciare al gusto di una bella bistecca alla brace, di un branzino, di una zuppa di pesce o di un'abbondante pasta al pomodoro; con la giusta moderazione e soprattutto facendo attenzione alla qualità dei prodotti.

Questa mia consapevolezza però non riuscivo a trasferirla alle mie figlie.

Non volevo fare il «sergente di ferro». Ho sempre pensato che non fosse l'imposizione la strada giusta, che ci volesse la comprensione e l'accettazione di un problema affinché questo potesse essere correttamente affrontato e risolto.

Così ho cominciato a fare ricerche. Come far capire loro che era necessario prestare un pizzico di attenzione anche a come si alimentavano? Che non bastava andare in palestra o fare danza? Che ci voleva disciplina anche in quello?

Di solito si dice che chi cerca trova, e così in effetti è stato anche per me. Sono a un convegno. Sale sul palco un docente di finanza, chiamato a parlare di comportamenti legati al mondo del risparmio. Cerca delle analogie che lo aiutino a spiegare meglio i suoi concetti e... Proietta una piramide, la famosa piramide alimentare, costruita mettendo in evidenza il corretto consumo degli alimenti: quali mangiare di più, quali mangiare di meno e con quale frequenza.

Alla base della piramide ci sono i cibi che dovremmo utilizzare maggiormente, quelli necessari e salutari per la nostra vita quotidiana: cereali, riso, frutta e verdura. Salendo verso il vertice ci sono gli altri, dai latticini al pesce, fino a quelli da «toccare» una al massimo due volte alla settimana (oli e dolci).

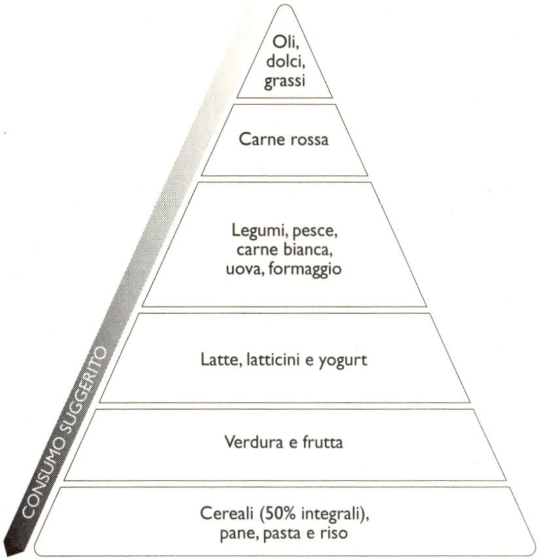

Fonte: Barilla Center for Food & Nutrition (© BCFN 2011).

Poi però ne proietta un'altra, questa volta rovesciata, che ci mostra le reali abitudini dei consumatori. Quello che dovrebbe essere mangiato più frequentemente (frutta e verdura) lo è meno, e si trova nell'angolo del vertice ribaltato verso il basso, mentre quello che dovrebbe essere mangiato meno (carne rossa, latticini eccetera) rappresenta la base, ma posta in alto.

A volte le immagini ci aiutano a comprendere meglio di quanto non facciano le parole; a volte le parole non sono che misere interpreti dei nostri pensieri.

La piramide rovesciata la trovate nella prossima pagina. Guardatela bene. Può stare in equilibrio una piramide poggiata sul suo vertice? No che non può. Non sta in piedi, crolla.

Così ho condiviso quell'immagine con le mie figlie. Ho disegnato due piramidi alimentari e ho fatto vedere loro che

Fonte: Barilla Center for Food & Nutrition (© BCFN 2011).

quella che rappresenta le loro reali abitudini alimentari finisce per autodistruggersi, e che così anche loro, mangiando male, finiscono per autodistruggere il loro organismo.

Spero abbia funzionato, anche se non ne sono certissimo: quando si tratta di gola, con le mie figlie a volte non c'è piramide che tenga.

Tuttavia il paragone tra mondo alimentare e mondo del risparmio funziona eccome, e può aiutarci, grazie a un'immagine (che trovate nella pagina a fianco), a capire perché le scelte che facciamo rischiano di essere errate.

Quali sono le nostre esigenze? Per quale motivo risparmiamo? Ce lo siamo mai chiesto? No?!

Un'indagine fatta dal Centro Studi Einaudi sui risparmiatori italiani conferma che almeno il 45% risparmia senza avere un motivo ben specifico per farlo. Io non credo agli esiti di questa ricerca. Bisognerebbe scavare un po' più a fondo con le domande, e a quel punto sono certo che le risposte emergerebbero.

Una su tutte? La sicurezza. Avere dei soldi da parte ci dona un senso di tranquillità e di sicurezza che ci permette di affrontare più serenamente la vita di tutti i giorni. È così anche per voi?

Tuttavia, ha senso non chiedersi il perché si faccia o meno una cosa? Ha senso «non dare un nome» ai soldi che mettiamo da parte? Proviamo a farlo assieme? Cominciate a scrivere su un foglio di carta la lista delle vostre esigenze e delle vostre priorità. Io posso solo suggerirvene alcune: le spese quotidiane, le vacanze, gli imprevisti, lo studio dei figli, l'acquisto della casa, l'auto, la previdenza, il sogno nel cassetto.

Una volta completata la lista ci renderemo conto che ogni voce avrà la sua scadenza temporale. E più sono lontane nel tempo, più le esigenze avranno necessità di una quantità maggiore di capitale perché possano essere soddisfatte. Pensate alla previdenza, per esempio, o a quando saremo chiamati a partecipare alle spese per l'università o per il matrimonio dei nostri figli.

In questo modo avremo la possibilità di costruire la nostra «piramide delle esigenze» proprio in funzione del tempo che abbiamo davanti a noi per poterle realizzare. Il breve termine, con i suoi piccoli accantonamenti, dovrebbe rappresentare il vertice, mentre i progetti di più lunga scadenza, che assorbiranno la maggior parte delle nostre risorse, formerebbe la base.

Questo in teoria. Ma quali soluzioni stiamo adottando? Come per la piramide alimentare, anche nel risparmio abbiamo ribaltato la figura e abbiamo adottato comportamenti errati. La metà dei nostri risparmi è quasi tutta in liquidità. Stiamo facendo le scelte giuste, o la piramide capovolta anche in questo caso non sta in piedi?

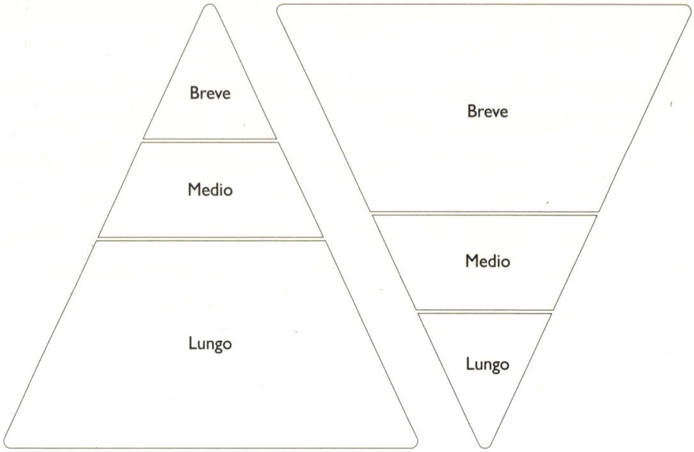

A volte un'immagine vale più di mille parole. Le parole non sono altro che misere interpreti dei nostri pensieri. Come dicevano i latini, *intelligenti pauca*, gli intelligenti non hanno bisogno di tante parole. Pensateci!

Pensate che se molti di noi hanno cominciato a mangiare meglio, a frequentare palestre e piscine, a fare lunghe passeggiate veloci e ad andare a correre, proprio per migliorare il benessere fisico, allora tutti noi possiamo fare qualcosa per migliorare il nostro benessere finanziario, perché da quello passa anche tutto ciò che, nella nostra vita terrena, possiamo permetterci di fare...

9

Gli italiani «giocano» in Borsa

AVETE mai giocato al SuperEnalotto? Anche se non siete giocatori abituali, lo sarete stati almeno occasionalmente, magari in concomitanza di grosse impennate del montepremi. Immagino vi siate ritrovati a sognare a occhi aperti, a fantasticare sul mondo che avreste potuto costruire, se solo la fortuna vi avesse arriso e vi avesse permesso di vincere la somma (straordinaria) messa in palio.

Se e quando lo avete fatto, avevate comunque chiaro che quel «gioco», in quanto tale, non garantiva alcuna vincita, nessun futuro certo; non garantiva in alcun modo che i «sogni a occhi aperti» si sarebbero trasformati in realtà. La speranza, quella sì, ma nessun'altra certezza. Anzi, l'unica certezza era quella di aver perduto l'importo della puntata.

Un gioco, appunto.

Giocare. Non voglio spiegare l'etimo di questo verbo, ma è chiaro che a lui associo tutta una serie di considerazioni. Lascio che lo facciate anche voi, liberamente.

Così se dico: «Giocare in Borsa», a cosa penso? Cosa mi viene in mente?

Nulla di particolarmente serio: giocare al SuperEnalotto, giocare in Borsa… pari sono. Sono le parole che usiamo a determinare le nostre percezioni.

Qual è dunque la percezione che hanno gli italiani del mercato borsistico? Quella del gioco, addirittura del gioco d'azzardo, a cui è associato immancabilmente il rischio di perdita, di una mancata vincita.

Facile capire a questo punto perché gli italiani siano sempre stati lontani dalle azioni: tra l'uso dei BOT e l'idea del gioco, è già tanto che una parte dei risparmi sia stata comunque investita in Borsa.

È giusto che sia così? È stata la scelta più coerente, anche alla luce di quanto sta accadendo ai tassi d'interesse? Dove andremo a cercare valore per i nostri risparmi? Quali strade nuove e pericolose saremo chiamati a percorrere?

In *Soldi sicuri* ho evidenziato tutta una serie di pericoli cui i risparmiatori stanno andando incontro, attratti, come dal canto delle sirene, verso scogli sconosciuti e pericolosi, ovvero i rendimenti allettanti.

Ho descritto il risparmiatore come una persona che, non riuscendo più a trovare ossigeno per respirare, finisce per annaspare sempre di più e a inalare qualunque cosa abbia la parvenza di aria.

In quel libro (uscito meno di un anno fa) ho parlato anche delle strane vendite di certificati legati al mondo dei brillanti e dei diamanti. Ebbene, le banche che lo hanno fatto sono già state inquisite: per loro si configura il reato di truffa ai danni dei risparmiatori acquirenti.

Quindi *attenzione*. Questo mondo nuovo è molto più difficile da decifrare, da capire; è un mare molto più pericoloso in cui navigare, un mare in cui abbiamo bisogno di un nocchiero che sappia guidarci verso i porti che intendiamo raggiungere, evitando che la nostra nave finisca per schiantarsi su uno scoglio o per arenarsi su una secca che non avevamo immaginato ci fosse.

Ma torniamo alla Borsa. Quando si gioca, in realtà si scommette su qualcosa, sul fatto che un evento si determini o meno e sui suoi esiti. Nel caso del SuperEnalotto si deve puntare su una combinazione di numeri, in altri casi sul numero del biglietto vincente di una lotteria, sul risultato di una partita di calcio o sul nome del cavallo che pensiamo vincerà una certa corsa.

Qualche giorno fa ho sentito in radio lo spot di un'agenzia di giochi che dichiarava di accettare, entro certi limiti naturalmente, le sfide proposte dagli stessi scommettitori. Il marketing... Le pensano tutte per attrarre clienti, tanto sanno che alla lunga saranno sempre loro a vincere, perché per un vincitore, come nel caso del SuperEnalotto, ci saranno milioni di perdenti.

Milioni di perdenti. Ho voluto ripetere questa espressione per sottolineare come funzionino certe cose. Un vincente contro milioni di perdenti, ma in realtà l'unico vero vincitore è chi gestisce il gioco.

Tutto questo non ha nulla a che vedere con la corretta gestione del risparmio. Ecco perché chi in passato si è avvicinato alla Borsa ha sempre parlato di gioco. Fondamentalmente ha «scommesso» sul fatto che l'azione acquistata sarebbe cresciuta di valore nel tempo, di solito ipotizzando che ciò sarebbe avvenuto in tempi molto brevi.

Ma una scommessa è una scommessa, e in quanto tale non dà certezza di risultato. Nulla a che vedere con ciò che riguarda il risparmio. Volete un lungo elenco di azioni che hanno perso la loro scommessa in Borsa? Potrei riempire tutte le pagine rimanenti di questo libro…

Vi annoierei, ma vale la pena ricordarne qualcuna, tanto per rinfrescarci la memoria: Parmalat, Cirio, Lehman Brothers, Veneto Banca, Popolare di Vicenza, Banca Popolare dell'Etruria, Banca delle Marche, Cassa di Risparmio di Chieti, Cassa di Risparmio di Ferrara…

Vado avanti? Devo alimentare il dolore di chi ha puntato erroneamente su questi cavalli dandoli vincenti, ritrovandosi, invece, a fare i conti con perdite consistenti?

Ma è colpa della Borsa questa? È questa, la Borsa?

Acquistare un titolo azionario significa comprare una quota parte di una società. Anche se fosse un'unica azione, sarebbe come, se per quella piccola parte, diventassimo soci dell'azienda.

Se lo si fa è perché si ritiene che il valore di quella società continuerà a crescere nel tempo, un tempo congruo: anni di progetti realizzati e non certo qualche giorno o addirittura qualche ora, come fanno i traders (quelli degli acquisti «mordi e fuggi»).

Facciamo un esempio. La Apple è una delle più grosse aziende al mondo. Mentre scrivo queste righe, a fine 2017, vale 881 miliardi di dollari, ovvero, tanto per fare un paragone, più di quanto non valga tutta la Borsa Italiana.

Pensiamo ai suoi prodotti: iPhone, iPad, i computer, il MacBook… Tutte cose che negli ultimi anni hanno modificato le nostre abitudini e le nostre vite.

Come facciamo a diventare soci di questo colosso? Acquistando una o più azioni. Al momento ogni azione vale circa 171 dollari. Le compriamo oggi immaginando che la Apple continui a mettere in commercio prodotti sempre più innovativi e capaci di intercettare il favore dei consumatori. Così ci aspettiamo che dai 171 dollari di oggi, quella piccola parte di Apple valga molto di più domani.

Ma siamo certi che questo accadrà? Siamo certi che la Apple manterrà quel ruolo dominante che oggi ha sui mercati internazionali nel settore della tecnologia? E se spuntasse un nuovo e rivoluzionario prodotto che magari non è stato ancora inventato e il cui marchio di produzione ci è ancora sconosciuto? Cosa accadrebbe se questa nuova azienda dovesse prendere il posto che oggi è della Apple? Cosa succederebbe ai nostri 171 dollari?

Da ragazzino scattavo foto con macchine della Kodak, che usavano quasi esclusivamente rullini della stessa marca. Chi poteva solo immaginare, allora, che la Kodak non avrebbe mantenuto in eterno un ruolo dominante nel mercato della fotografia? Provate a chiedere a un adolescente cosa sa della Kodak. Non credereste alle vostre orecchie: molto probabilmente non saprebbe rispondere alla domanda.

E se fossimo diventati soci di quell'azienda comprandone una quota, un'azione, cosa sarebbe accaduto al nostro investimento? Capite dove voglio arrivare? La cronaca delle ultime settimane del 2017 ci ha regalato ulteriori spunti interessanti per farci comprendere quanto la diversificazione sia un fattore indispensabile nella corretta gestione dei nostri risparmi.

Mi riferisco al fallimento del Venezuela. Forse non tutti sanno che la situazione economica del Paese sudamericano è esplosa in tutta la sua gravità. Si sta discutendo della ristrutturazione del debito pubblico. In soldoni vuol dire che 150 miliardi di dollari di titoli di Stato emessi dal Venezuela potrebbero non essere ripagati, con ovvie ripercussioni per tutti coloro che li hanno sottoscritti. Questa si chiama concentrazione del rischio, il rischio di perdere tutto.

Mentre si attendono le decisioni finali sul possibile consolidamento del debito, la situazione che si è generata nel Paese, per ora, ha prodotto un crollo di circa il 50% delle quotazioni dei bond venezuelani.

Se invece guardiamo l'indice che misura l'andamento dei titoli di Stato dei Paesi emergenti (indice che include anche il Venezuela), notiamo come nello stesso periodo questo indice abbia registrato una performance che sfiora il 10%.

Questo è il valore della diversificazione.

Il 10% di attivo contro una perdita che per ora è del 50% e che potrebbe aumentare. In queste considerazioni sta anche tutto il valore della consulenza. Un buon consulente, quello per cui vale la pena pagare le commissioni, quello per cui non pagheremo mai abbastanza, è colui che sarà in grado di pianificare anche la nostra diversificazione, senza scommesse azzardate.

Diffidate di chi vi dirà che sarà meglio questo rispetto ad altro. Non può saperlo in anticipo. Chiedete ai sottoscrittori dei bond venezuelani cosa ne pensino: credo che avrebbero pagato volentieri una piccola commissione di professionalità piuttosto che perdere tutto.

Per rafforzare il concetto di diversificazione facciamo un altro esempio. Provate a immaginare di assistere a una corsa su una pista gigantesca, cui partecipino tutti i cavalli del mondo. Una corsa lunga anni.

Immaginate anche di poter scegliere di investire i vostri capitali su tutti i cavalli, ma proprio tutti. Immaginate inoltre che, ogni volta che un cavallo non ce la fa più ad andare avanti, ce n'è un altro, o più di uno, che ne prende il posto. Più che sui singoli cavalli, vi sareste ritrovati a puntare sulla corsa.

Cosa accadrebbe alla fine?

Ci sarebbero dei vincitori, degli sconfitti e dei cavalli «scoppiati», incapaci di arrivare alla fine. Ci sarebbero cavalli che, in alcuni casi, sarebbero diversi da quelli partiti, e altri di cui, dopo la partenza, avremmo perso le tracce: smarriti durante il percorso. Per vincere bisogna puntare sulla corsa.

Provate adesso ad applicare questo esempio ai vostri risparmi. Puntando sull'intera corsa e non sui singoli elementi che la compongono, in realtà avreste comunque la certezza di arrivare fino in fondo, di ottenere un risultato, di trasformare una scommessa in un investimento.

Non una singola azione, non soci esclusivi della Apple. Migliaia di azioni, invece, azioni scelte non solo tra quelle che ci sono oggi sul mercato, ma anche tra quelle che ci saranno domani e di cui oggi neanche conosciamo il nome.

Non un singolo mercato, europeo, asiatico o americano che sia.

Non una valuta, non il dollaro o l'euro o lo yen, ma tutte.

Il mondo tutto assieme, perché il mondo, tra alti e bassi, non può che correre verso un futuro fatto di progresso. Questa non è più una scommessa: è la certezza di un investimento molto produttivo.

La ricchezza di ogni Paese è espressa dal Prodotto Interno Lordo (PIL), quello che gli inglesi chiamano GDP (Gross Domestic Product). Se guardiamo l'andamento del PIL italiano notiamo come solo ora stia tornando ai livelli pre-crisi. Dopo una profonda depressione, che ci ha portati indietro di dieci anni, finalmente ha ripreso a crescere, anche se lentamente.

Se però allarghiamo lo sguardo all'andamento del PIL dell'intero pianeta notiamo come, negli ultimi trent'anni, solo una volta, nel 2009, il suo valore sia stato appena negativo, mentre in tutti gli altri anni troviamo solo crescita.

L'indice che dal punto di vista dell'investimento finanziario

MSCI World - in dollari

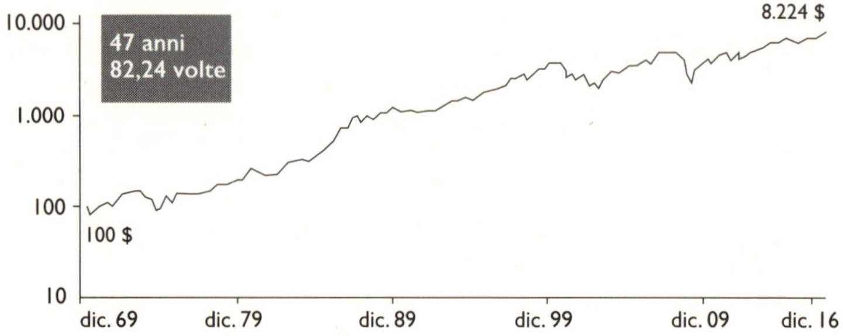

Fonte: Thomson Reuters.

rappresenta la corsa del progresso mondiale si chiama MSCI World Index, e misura la Borsa mondiale come se fosse una soltanto. In quell'indice oggi ci sono cavalli del calibro di Apple, Samsung, Coca-Cola, Visa, Amazon, Facebook. Ieri c'erano aziende che oggi sono sparite, sostituite da altre che ne hanno preso il posto, a cui se ne sono aggiunte altre ancora che hanno creato nuovi panorami economici. Facebook, WhatsApp e Amazon prima non esistevano, perché anche noi non sapevamo di averne bisogno. Oggi sapremmo farne a meno? Come il mondo va avanti nella sua corsa, a prescindere dai cavalli in gioco, anche noi, con i nostri investimenti, se vogliamo trovare valore, dobbiamo prescindere dai cavalli in gioco.

L'indice MSCI World, dal 1969 a oggi, ha contabilizzato una crescita di 82,24 volte: 100 dollari investiti nel 1969 sono diventati 8.224. Una bella cavalcata no? E in mezzo a tante crisi. Infatti, come si può vedere dal grafico, la crescita non è stata lineare ma è stata costante, esattamente come il mondo, costantemente, progredisce.

MSCI World - in dollari

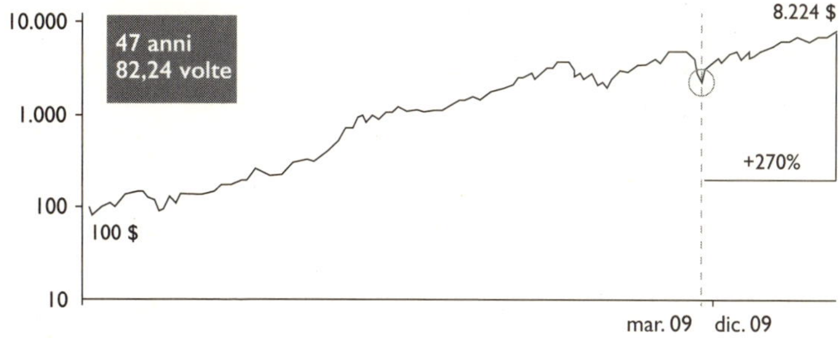

Fonte: Thomson Reuters.

Le crisi arrivano: anche quelle non mancheranno mai, così come il progresso. Anzi, le crisi sono necessarie al progresso, rappresentano dei passaggi di stato, da cui si riparte verso nuovi orizzonti. Le crisi però, quando arrivano, si portano via le aziende che non sono strutturate per resistere. Altre ne prendono il loro posto, altre ancora ne acquisiscono le quote di mercato.

Pensate alle banche. Il primo modello ha resistito per oltre cinque secoli, poi di colpo è stato spazzato via. I mammiferi pronti a fagocitare i dinosauri.

La corsa (il progresso) intanto continua, e nel tempo cresce anche la nostra quota investita sul progresso. Ma si può anche fare in modo che la crescita del risparmio acceleri, più di quanto non faccia da solo il progresso. Basta saper approfittare dei momenti più difficili.

Pensate all'ultima crisi, quella del 2008-2009, cerchiata nel grafico qui sopra.

Ebbene, da quel minimo a oggi il mercato (la corsa dei cavalli del mondo) ha messo in cascina più del 270%: un rendimento medio che sfiora il 40% all'anno ed è maturato in un periodo in cui i rendimenti con cui remunerare i nostri risparmi non siamo più stati in grado di trovarli.

Ma solo perché non sapevamo dove cercare. Questo è il potere dell'investimento sui mercati finanziari reali, associato alla massima diversificazione possibile.

Questa però è una strada che da soli non saremmo mai in grado di percorrere. Ci perderemmo alla prima salita. Ci ritroveremmo affaticati, demoralizzati e spaventati alla prima discesa. Ce lo ricorda l'essenza stessa della finanza comportamentale.

Nel 2002 lo psicologo Daniel Kahneman ha vinto il Nobel per l'economia proprio per i suoi studi sui comportamenti non corretti dei risparmiatori. A distanza di quindici anni, nel 2017, un altro psicologo, Richard Thaler, ha ricevuto il Nobel per l'economia per studi analoghi a quelli di Kahneman.

Psicologia ed economia, due discipline che sembrano distanti tra loro ma che, invece, quando si tratta della gestione dei risparmi, hanno tantissimi punti in comune. Sono i comportamenti a determinare i risultati di ciò che facciamo, e i comportamenti sono funzione dell'emotività, per governare la quale servono una guida capace (un consulente) e dei sistemi d'investimento che ci permettano di superarla (strategie automatiche).

Un versamento automatico sull'indice in discesa? L'emozione negativa c'imporrebbe di non farlo.

Un disinvestimento automatico sull'indice in forte rialzo? L'euforia ce lo vieterebbe categoricamente.

Non sono gli strumenti (non solo, almeno), ma come li utilizziamo, a fare le nostre fortune e sfortune finanziarie.

La Borsa può essere usata per giocare e scommettere, oppure, come abbiamo visto e spiegato, per garantire la crescita nel tempo dei nostri investimenti.

Abbiamo bisogno di seguire poche e semplici regole. Le abbiamo capite? Abbiamo capito il valore della diversificazione e il valore intrinseco della consulenza e degli automatismi che vincono l'emotività?

Oggi non possiamo più permetterci di sbagliare. Ne va del futuro nostro e, per chi ne ha, di quello dei nostri figli.

10

Non è concesso sbagliare

Per anni siamo stati il Paese delle garanzie: del posto di lavoro, dell'assistenza sociale, della previdenza, della sanità a disposizione di tutti.

Oggi che Paese siamo? Il mondo è cambiato, e anche piuttosto velocemente. Sono cambiate le nostre abitudini, le nostre esistenze.

Penso ai miei genitori, al tipo di vita che sostenevano. Ricordo che mio padre «litigava» con qualunque cosa avesse un nesso con la tecnologia. Il fax era già stato portato in soffitta, eppure lui non aveva ancora imparato a utilizzarlo.

«Perché non mi scrivi un decalogo sull'uso di questi aggeggi?» mi chiedeva ogni volta che era costretto ad armeggiarci.

«Ma è facile, papà!» gli rispondevo incredulo quando, alla quinta volta, tentavo di ricordargli che i fogli, nel fax, andavano inseriti a testa in giù mentre lui continuava a posizionarli nel verso opposto.

Poi mi sono arreso. Ho capito che il mondo che stava arrivando non gli apparteneva, né lui aveva più alcuna voglia di cercare di comprenderlo. Lui aveva il suo: era nato tra le due guerre, cresciuto durante la seconda. Fatto prigioniero dai tedeschi era riuscito a fuggire, ma quell'infanzia così complicata fatta di stenti e di mille difficoltà ha finito per condizionarne i comportamenti.

A un certo punto la vita per lui era cambiata. Ufficiale dell'esercito, quindi libero professionista e al tempo stesso insegnante di educazione fisica, aveva trovato la sua dimensione in un periodo storico che regalava mille soddisfazioni a chiunque avesse voglia di fare. E lui ne aveva.

Mia madre era a suo agio con le novità, ma fino a un certo punto. Non credo abbia mai usato veramente tutte le funzioni del suo telefonino, anche se ne beneficiava abbastanza.

Nessuno dei due è mai salito su un aereo, e credo non abbiano mai varcato i confini nazionali, se non per andare a San Marino o in Vaticano.

Poi penso alla mia generazione, quella della «terra di mezzo». I primi a non ricordare né la guerra né il dopoguerra. Siamo stati travolti dal benessere, dall'agiatezza, dalla tranquillità.

Eppure... Eppure una sera mia figlia più grande, Chiara, ha cercato di spiegarmi, senza nascondere segni d'insofferenza, come utilizzare al meglio alcune funzioni del mio smartphone, funzioni di cui non conoscevo neanche l'esistenza. Più o meno come facevo io con mio padre.

Io la tecnologia la uso, ma il mio primo telefonino l'ho avuto che ero già adulto, mentre le mie figlie sono nate immerse nelle nuove tecnologie e le usano con grande facilità e con una naturalezza che io, analogico a metà (o tecnologico a metà), non potrò mai avere.

Vi chiederete: cosa c'entra tutto questo con il motivo per cui non possiamo permetterci di sbagliare oggi i nostri investimenti? Perché i nostri figli non sono mai stati abituati al sacrificio.

Il mio amico Marco Bucaioni, di cui ho raccontato la storia in un libro, definisce quella dei nostri ragazzi di oggi la generazione smarrita.

Quella di mio figlio è una generazione smarrita. È smarrita perché ha perso tutti i suoi punti di riferimento, vittima di cambiamenti epocali, straordinariamente repentini. Mio figlio e i suoi coetanei ne sono rimasti travolti. Credono di aver capito che il mondo è cambiato; in realtà la velocità del cambiamento ha modificato anche loro.

Tremano senza rendersene conto. Tremano per la paura di non riuscire, di non capire. Eppure il passato, la storia, ci ha dato lezioni diverse, chiavi di lettura differenti.

Il germe del cambiamento si innesta. Si innesta e opera lento, a volte così lento che solo con il senno di poi se ne sono potute comprendere le dinamiche.

Quattro anni fa chi conosceva WhatsApp? Oggi crea legami e amore, distrugge matrimoni, permette di scambiare foto e video, registra la vita a colori e la rimanda in bianco e nero o viceversa. Tutto questo in una sola app. E ce ne sono milioni. Ce ne saranno miliardi.

Usiamo oggetti che non capiamo. Lo smartphone è diventato il telecomando delle nostre vite, l'archivio lecito e illecito della nostra realtà virtuale e reale. E Facebook e Google e YouTube e Amazon e tutto il resto. Tutto questo in pochi anni.

Io avevo la «due cavalli». Oggi ci sono macchine che si guidano da sole. Io usavo registratori a nastri e bobine, il giradischi, il mangiadischi, la radio a valvole e la tv in bianco e nero. Oggi c'è Deezer, Sky on Demand e chissà quale altra diavoleria. Ed è tutto in un tablet, in un pc, in uno smartphone. Ai miei tempi non c'era neanche il pc.

Questi non sono gli anni del germe. Sono gli anni in cui tutto è arrivato, è cambiato, è stato stravolto. E quella di mio figlio è la generazione smarrita, la cavia predestinata del mondo a più velocità.

Domani. Oggi è già passato. Quando si sta tra le onde così alte, non resta che navigare a vista, sperando che prima o poi si riesca a urlare: «Terra!»

Noi, generazione della «terra di mezzo», siamo quelli che hanno avuto tanto dai genitori e che diamo tutto ai nostri figli. Le loro abitudini e il loro tenore di vita, però, hanno un limite, e il limite è dato dall'ancoraggio ombelicale alla famiglia.

Senza quell'ancoraggio in che mondo vivranno? Con quale reddito? Con quali prospettive? In quali case? E noi saremo sempre in grado di sostenere il nostro tenore di vita?

La disoccupazione giovanile in Italia sta raggiungendo picchi impressionanti. L'unica speranza di entrare nel mondo del lavoro è legata alla preparazione, allo studio e all'applicazione, oltre che alle doti innate. E oggi tutto questo rischia di non essere sufficiente.

Mio padre durante la guerra era in grado di vivere per qualche giorno con una patata cotta sotto la cenere. Oggi nelle nostre case il cibo abbonda; anzi, la nostra più grossa preoccupazione è limitarne l'assunzione e migliorarne la qualità.

Si chiama benessere, e ci fa crescere la pancia. Così per rimetterci in forma abbiamo bisogno di dietologi e palestre, che costano soldi.

Difficile rinunciare al benessere.

Come potranno garantirselo le generazioni future, senza il nostro supporto? Credo che questa sia una domanda che direttamente o indirettamente ci poniamo in tanti. Quel punto interrogativo è il simbolo della nostra visione negativa del futuro: un futuro incerto e nebuloso che non riusciamo a decifrare e che per questo ci spaventa.

Il mondo attorno a noi, quindi, cambia rapidamente. Cambiano le abitudini di vita, gli scenari demografici, le nostre esigenze, le realtà sociali con cui siamo chiamati a confrontarci. Non è il semplice cambiamento a rischiare di travolgerci, è la velocità con cui questo si sta determinando a renderlo ancora più devastante. Questa velocità ci ha disorientati, ci impedisce di cavalcare il cambiamento come vorremmo e dovremmo, non ci permette di interpretarlo e soprattutto di coglierne la direzione.

Dal punto di vista economico le nostre vite si sono allungate e sono migliorate: nel 1800 l'aspettativa di vita media era di quarant'anni, mentre oggi superiamo gli ottanta. Anche i redditi medi sono cresciuti notevolmente. Ma chi ci garantisce che questo sarà il modello che continuerà a svilupparsi anche domani? Siamo certi che la vita continuerà ad allungarsi? Soprattutto, siamo certi che i nostri redditi continueranno a crescere? Ricordiamoci che è proprio il miglioramento del tenore di vita a garantire una vita migliore anche dal semplice punto di vista antropologico.

Noi invece diamo tutto per scontato. Non riusciamo a guardare al domani, o almeno non come dovremmo. Pensiamo che potrà essere uguale a oggi e ci comportiamo di conseguenza. Ma purtroppo non sarà così, soprattutto non sappiamo quale sarà la direzione che prenderà il cambiamento.

A fronte di vite più lunghe e più agiate abbiamo cominciato a smettere di fare figli. La natalità in Italia è crollata, se raffrontata ai numeri del boom economico. Questo sta portando non solo all'invecchiamento progressivo della società, ma alla costante diminuzione della classe più produttiva: secondo l'ISTAT nel 2031, nella fascia di età tra i venticinque e i cinquantacinque anni, in Italia ci sarà una riduzione di quasi 6 milioni di unità: 6 milioni di persone in meno nel pieno dell'età ideale per lavorare. Chi manderà avanti il Paese?

Tutto questo avrà impatti devastanti sulle nostre vite economiche, impatti che potremo arginare solo se saremo pronti ad affrontarli, solo se avremo guide in grado di aiutarci a navigare in un mare che non conosciamo e che non abbiamo mai attraversato prima d'ora.

Pensate ai sistemi pensionistici. Come potranno sostenersi? Ma non è soltanto questo. Come faranno ad andare avanti le famiglie, se nel 2050 ci saranno 8,5 milioni di ultraottantenni contro gli attuali 4 milioni? Sono numeri impressionanti, ancora più disarmanti se si pensa che di questi ultraottantenni, mediamente il 40% potrebbe ritrovarsi in condizioni di non autosufficienza. Chi pagherà per la loro assistenza? Come potremo affrontare un problema così grande senza un'adeguata preparazione e se continuiamo a pensare che domani sarà come oggi o addirittura come ieri?

La nostra attuale condizione sociale sta mutando anche altri parametri fondamentali delle nostre vite economiche. Aumentano le separazioni, per esempio; addirittura sono più che raddoppiate tra le coppie che invece dovrebbero essere le più solide, quelle cioè che hanno superato i vent'anni di unione. Già oggi ne leggiamo le conseguenze: non solo emotive ma anche finanziarie.

Come ho scritto in *Soldi sicuri*, quando la parabola professionale della vita l'ha portato alla pensione, mio padre non è stato costretto a rivedere il suo tenore o le sue abitudini di vita. Quello che guadagnava quando era in attività gli è stato di fatto garantito dal profilo previdenziale maturato durante i tanti anni di lavoro. Anche la reversibilità della sua pensione, quando ha lasciato questo mondo, ha permesso a mia madre di vivere senza alcun problema.

È riuscito a far studiare tutti i suoi figli, a vederli realizzati professionalmente, a metterli nelle condizioni di costruire senza affanni le rispettive famiglie.

Il suo tempo, nonostante sia stato tanto complicato nella prima parte della sua vita, si è poi trasformato nel tempo delle garanzie. La garanzia di avere un posto di lavoro adeguato agli studi; la garanzia di un reddito adeguato alla sua professionalità; la garanzia di veder realizzati i propri figli a condizione di supportarli nello studio; la garanzia di avere una pensione adeguata ai sacrifici professionali fatti; la garanzia di poter accantonare un capitale crescente nel tempo con cui assicurare un tenore di vita sempre migliore alla propria famiglia.

Queste le garanzie. Quello il loro tempo.

Quel tempo però non c'è più. La disoccupazione giovanile, la certezza quasi matematica di non avere garanzie previdenziali, la paura di doverci preoccupare da soli delle eventuali cure mediche di cui dovessimo aver bisogno in futuro, sono tutti fattori che ci rendono incapaci di goderci anche il presente.

Questa è la vita che stiamo vivendo: non ne avremo un'altra, non avremo un'altra occasione per non fare le cose a cui coscientemente decideremo di rinunciare per paura del futuro. Così continuiamo a fare le formiche.

Il risparmio rappresenta l'unica garanzia che ci è rimasta per arginare questo fiume che corre veloce. Ma mentre il cambiamento corre il risparmio è statico. Vanno fatte scelte diverse e vanno fatte in fretta. Programmare il futuro significa programmare progetti finanziari adeguati ai nuovi scenari con cui saremo chiamati a confrontarci.

Ma, come abbiamo visto, mettiamo le nostre scorte in granai in cui entrano i topi o che sono così umidi da rovinarne una parte. Così i nostri sacrifici rischiano di essere vanificati.

Lo abbiamo già scritto più volte: in questa fase storica in Italia il 31% dei risparmi è tenuto in liquidità, in pratica sui conti correnti. Si tratta di 1.300 miliardi di euro su un totale di 4.300. Ebbene, a conti fatti tra costi, inflazione eccetera quei 1.300 miliardi di euro perdono 10 miliardi di valore ogni anno. Perdono. Stanno perdendo. 10 miliardi di valore ogni anno. Altro che garanzie.

I nostri 4.300 miliardi di euro di risparmi (cui vanno aggiunti i 4.000 di patrimoni immobiliari) rappresentano il nostro ancoraggio al futuro, ma devono rappresentare anche la nostra capacità di vivere bene la nostra vita presente. Una parte di quei risparmi può garantirci la previdenza, permetterci di assistere i nostri figli nella prima parte del loro percorso di vita, assicurarci le tutele sanitarie, ma a patto di gestirla correttamente.

Non è certo lasciandoli depositati in conto corrente che ci permetteranno di farlo. Non è quella la strada. Non lo è mai stata, in realtà.

11

Risparmiatore o investitore?

COME dobbiamo considerarci? Risparmiatori o investitori? Cosa siamo, cosa pensiamo di essere e cosa dovremmo essere? Per rispondere a queste domande voglio raccontarvi un aneddoto legato a ciò che mi è successo l'estate scorsa.

Ero in riva al mare, il mio vicino di ombrellone ha cominciato a parlare ad alta voce con un suo amico di cosa potesse fare per riuscire a remunerare i suoi risparmi. Impossibile non ascoltare i suoi discorsi.

Non faceva che lamentarsi. Si lamentava di come fosse diventato tutto più complicato, di come fossero passati i bei tempi di una volta, quelli in cui, grazie ai titoli di Stato, era possibile ottenere rendimenti garantiti e senza rischio. Lo faceva sbandierando sotto il naso del suo amico un articolo di giornale il cui titolo si riferiva al tasso negativo dell'ultima asta dei BTP.

«Io presto loro dei soldi», ripeteva, «e loro me ne ridaranno indietro meno di quanti io ne abbia versati. Ma che mondo è questo?»

La sua reazione a quella notizia mi ha fatto riflettere non

poco sull'effettiva condizione emotiva e di disagio in cui versano molte persone che oggi non riescono a rendere produttivo il frutto di tanti anni di sacrifici e di rinunce, di «questo lo comprerò un'altra volta», sapendo che forse non lo comprerò mai. È questo il risparmio, no?! *Il risparmio è rinuncia.*

Dovremmo prendere atto di quanto sia forte questa frase. Bisogna esserne consapevoli: risparmiare equivale a rinunciare a tante cose che forse non potremmo mai permetterci davvero di fare. Pensate a qualunque bene abbiate lasciato in qualunque vetrina di qualunque negozio, al viaggio che non farete mai ma che avreste voluto fare. Al sogno che non realizzerete mai.

Il risparmio incarna tutto questo. Ma se il risparmio è rinuncia, lo è *in nome di qualcos'altro.*

Sicurezza? Futuro sereno per noi e per i nostri figli? La casa?

È così che dal risparmio si passa all'investimento, che dalla rinuncia si passa alla realizzazione di obiettivi, desideri e qualche volta sogni. L'investimento è la garanzia del futuro.

Vedete che, pur affrontandoli da angolazioni diverse, i temi sono sempre gli stessi, a dimostrazione del fatto che forse affrontarli è più semplice di quanto non sembri davvero.

«Fai lavorare la testa ma anche i tuoi soldi, perché quando dormi quelli lavorano per te.» Questa frase mi è rimasta impressa. L'ha citata, ospite di una mia trasmissione, Enrico Maria Cervellati, docente della Ca' Foscari. «Me lo diceva sempre mio padre», aggiunse.

Se i soldi lavorano per noi finiscono per crescere, ci permettono di far fronte alle nostre esigenze, ma ci consentono anche di «rinunciare» meno di quanto non si sia stati costretti a fare finora.

Va bene il domani, ma c'è anche l'oggi, c'è *questa* vita, ed è tutta da vivere. Una vita da investitori consapevoli e non da risparmiatori tremebondi spaventati dall'incertezza del futuro.

Prendo un dizionario e leggo il significato del termine «risparmiatore»: «Colui che limita e contiene i consumi in modo da poter accantonare una parte del proprio reddito». Poi scorro le pagine fino a raggiungere la lettera I, seguita da una N, poi dalla V, fino a «investitore»: «Colui che decide di investire i propri capitali con l'intento di farne progetti e ricavarne un profitto».

Da che parte vogliamo stare? Da quella di chi continua a fare sacrifici e rinunce o da quella di chi tali rinunce le rende produttive?

Dobbiamo imparare a pianificare le nostre scelte finanziarie nel tempo, capire che un dividendo azionario, spesso, può sostituire e remunerare più delle cedole di un titolo di Stato, capire come l'economia reale rappresenti il mondo attorno a noi più di quanto non faccia un titolo di debito.

È un mare nuovo, non lo metto in dubbio, ma con le giuste guide possiamo imparare a navigarlo. Del resto abbiamo tutti gli strumenti per poterlo fare, dobbiamo solo aprire gli occhi e usarli.

Un esempio? Si chiama PAC. Sta per Piano di Accumulo di Capitale, ed è la migliore strategia che si possa mettere in piedi nel tempo per accantonare. Facciamo in modo che i nostri risparmi, che rappresentano rinunce e sacrifici, si trasformino in investimenti, in progetti profittevoli di vita.

Di PAC si parla da anni; li conoscono in molti e in tanti li hanno già sottoscritti. Il PAC normalmente si realizza investendo in un fondo azionario, di cui sfrutta nel tempo le oscillazioni, in maniera da mediare il costo di ingresso. Se quest'ultimo si abbassa sempre di più, basteranno rialzi sempre più piccoli del mercato perché si possa guadagnare sempre di più. Il PAC funziona se la diversificazione è massima perché, come abbiamo visto, il mondo pur tra alti e bassi cresce sempre, mentre un singolo titolo potrebbe fallire.

Il PAC funziona se si ha un tempo congruo da utilizzare; non è uno strumento fatto per gestire la liquidità. Il PAC funziona se alimentato automaticamente, perché saranno proprio gli investimenti automatici, fatti quando i mercati scendono, a rendere più profittevole il risultato finale. Quando i mercati scendono la nostra emotività frena le nostre scelte, ma l'automatismo ci permette di aggirare la nostra emotività e ci garantisce una crescita futura.

Qual è stato finora il limite del PAC? Il fatto di essere sempre stato visto come uno strumento ideale, sì, ma per «mettere da parte qualcosa». Piccole somme, però, producono piccoli risultati. Il PAC, invece, può essere il modo migliore per costruire i nostri progetti di vita finanziaria, ma, affinché questi si realizzino, c'è bisogno che siano alimentati da somme di denaro importanti che oggi, invece, continuiamo a mantenere in liquidità, con rendimenti negativi.

Un'ultima considerazione. Il PAC legato ai Piani Individuali di Risparmio può creare una miscela in grado di far esplodere verso l'alto i rendimenti. Oltre al risultato generato dall'effetto mercato, sarà possibile infatti sfruttare anche la leva finanziaria legata all'assenza di tassazione garantita dai PIR. Senza il 26% di tasse da pagare sugli utili, anno dopo anno, il montante crescerà sempre di più.

Non solo. Investendo nei PIR si migliorerà anche la situazione del Paese, il che renderà tutto il ciclo ancora più virtuoso di quanto non si possa immaginare, perché miglioreranno le dinamiche sociali di cui abbiamo parlato nel capitolo precedente. Cresceranno le imprese, i posti di lavoro, i redditi e l'economia, e forse avremo anche più spazio perché i nostri capitali facciano delle nostre vite, e di quelle dei nostri cari, vite migliori.

Qualche giorno fa sono salito nella soffitta di casa dei miei per sistemare alcune cose. E lì l'ho vista: la scatola del Monopoli. Era poggiata su una cassapanca e sorreggeva una vecchia racchetta da tennis, tutta in legno e con la scritta Maxima che si leggeva appena.

Ho sentito un tuffo nel cuore. Un mare di ricordi si sono affacciati alla mia memoria.

Al di là degli aspetti nostalgici e dello strato di polvere che ho dovuto rimuovere, è stato altro a colpire la mia attenzione. Avete mai giocato a Monopoli? A ben vedere, è «il gioco della vita», ed è tutto sommato un'ottima lezione di buon senso, buon senso finanziario.

Innanzitutto, credo che almeno per me Monopoli abbia rappresentato il primo vero contatto con l'economia reale. Si impara ad acquistare il prodotto giusto in base alle proprie capacità finanziarie, e si attuano strategie scegliendo le strade da percorrere e i terreni da trasformare in proprietà.

Poi si investe comprando la prima casa, quindi la seconda, poi la terza. Da risparmiatori, da accumulatori, si diventa investitori e, perché no, anche imprenditori. Si costruiscono alberghi che rendono più prezioso e di maggior valore il terreno che abbiamo acquistato.

Insomma, il percorso che ci porta a vincere la partita è lo stesso che ci conduce a vincere nella vita. Ci sono anche gli imprevisti da gestire, multe, tasse, sanzioni, ristrutturazioni; ci sono le probabilità che si possano fare delle scelte piuttosto che altre. Si impara a ragionare pensando all'oggi, ma guardando soprattutto al domani, con lo scopo di non essere impreparati nel momento del bisogno.

E poi c'è il senso della ripetitività, della continuità. Il gioco non si esaurisce al primo giro; il percorso di vita finanziaria è lungo quanto la nostra vita, e c'è bisogno di una strategia per sostenerla.

Ho cercato su internet, e ho scoperto che alcune ricerche hanno dimostrato che chi gioca e vince, anche a Monopoli, non accantona soldi nel breve periodo con l'idea di usarli domani, ma investe fin da subito i capitali disponibili, facendoli crescere grazie all'accumulo di rendite sempre più consistenti.

Educazione finanziaria? È tutta qui, chiusa in una polverosa scatola del Monopoli.

Che la vera partita cominci davvero…

PARTE TERZA

Made for Italy

12

L'Italia del risparmio e dell'impresa

11 OTTOBRE 2017. L'usciere, dietro il vetro antiproiettile, mi chiede un documento. Controlla che il mio nome sia nella lista degli invitati. Confronta i dati della mia carta d'identità con quelli che erano stati comunicati in fase di accredito, poi mi invita a entrare.

Le procedure sono ferree. Lascio lo zaino lungo il rullo del metal detector, quindi passo sotto la macchina che controlla anche ciò che indosso. Quasi fossimo in aeroporto.

Ma non siamo in aeroporto: siamo a Montecitorio, al varco di accesso per la Camera dei Deputati. Fuori un gruppo di manifestanti fa sentire la sua voce. Accade tutti i giorni: per un motivo o per l'altro c'è sempre qualcuno che protesta, lì nel cuore di una Roma distratta, a due passi dalla passeggiata di Via Del Corso e dalle piazze più belle della capitale. Non è proprio un biglietto da visita straordinario, soprattutto per chi arriva dall'estero e non capisce il perché di tanto rumore.

Entro. Le proteste, le urla e le contestazioni restano fuori, come se quello fosse un mondo nel mondo, ma lontano dalla realtà.

Mi ritrovo in luoghi che avevo intravisto soltanto nelle immagini trasmesse dalla televisione. Sono le stanze dei bottoni. Lì, proprio in quei saloni, sono state scritte pagine importanti della storia italiana, e tante altre se ne scriveranno ancora.

Cammino nei corridoi e immagino di rivivere incontri, conversazioni e perché no inciuci. Chissà quanto avrebbero da raccontare quelle pareti, se solo potessero parlare. Invece i segreti di tante battaglie resteranno per sempre lì, sepolti in un'atmosfera unica, particolare.

Sono lì perché mi hanno invitato a moderare un evento. In sala sono presenti imprenditori, commercialisti, notai, semplici risparmiatori, politici. Salgo sul palco da cui chiamerò a parlare i protagonisti. Alle mie spalle, sul maxischermo che domina la sala, campeggia un titolo che non mi è nuovo: «L'Italia del risparmio e dell'impresa».

Introduco i lavori. Lo faccio raccontando i numeri del nostro Paese, i numeri del risparmio e dell'impresa, quelli di cui abbiamo parlato nelle pagine precedenti a questa. Parlo di un ponte che possa legarli, un ponte che renda più virtuoso e produttivo l'utilizzo dei risparmi, un ponte che permetta alle imprese di crescere maggiormente.

Continuo dicendo che parleremo dei Piani Individuali di Risparmio: ne ricordo le caratteristiche, i vincoli fiscali, le percentuali d'investimento, le agevolazioni.

Poi lascio spazio ai protagonisti: banchieri, giornalisti, imprenditori, docenti universitari, ministri e deputati. Tutti a raccontare quanto siano particolarmente e positivamente sorpresi dall'effetto che i PIR hanno generato in quei primi undici mesi dal loro lancio; di come neanche le più rosee previsioni avessero lasciato presagire quello che sarebbe potuto accadere.

Eppure...

13

L'esempio degli altri Paesi

Credo che il miglior direttore marketing di una grande azienda sia quello capace di guardarsi attorno e di cogliere gli esempi virtuosi che arrivano da altre esperienze analoghe alla sua. Sono convinto che non serva «innovare per forza»: a volte basterebbe «copiare».

Provo a spiegarmi meglio. I PIR in Italia sono arrivati nel 2017, ma non siamo stati gli apripista di questo settore; anzi, siamo arrivati con anni di ritardo. Per continuare a fare il paragone con una gara (questa volta di sci), è come se a questa ci fossimo iscritti con un pettorale altissimo.

Pensateci. In Francia strumenti analoghi, chiamati PEA (*Plan d'Epagne en Actions*, piani d'investimento in azioni) sono nati addirittura nel 1992. Da allora ben 120 miliardi di euro sono stati trasferiti dai risparmiatori francesi verso le imprese transalpine.

Non è un caso che la Borsa di Parigi sia cresciuta tanto in termini di capitalizzazione, come non è un caso che le aziende francesi siano state tra le principali protagoniste nello shopping agevolato delle aziende di casa nostra.

Anche grazie ai PEA, le imprese transalpine sono molto più grandi e hanno maggiori liquidità rispetto a quelle italiane, e per questo sono in grado di presentarsi sul mercato con una forza, una preparazione, una caratura e una trasparenza che hanno permesso loro di crescere in fretta e di farlo soprattutto grazie alle acquisizioni, anche di aziende italiane.

In Canada i *Tax Free Saving Accounts* (TFSA, conti di risparmio esenti da prelievo fiscale) sono stati adottati nel 2009. Anche in questo caso la raccolta è stata straordinaria: ben 150 miliardi di dollari sono affluiti verso le casse delle imprese nordamericane.

E poi il Giappone. Qui la storia è più recente: i NISA (*Nippon Individual Saving Accounts*, conti di risparmio individuali) sono nati solo, si fa per dire, nel 2014. Ma anche in questo caso i risultati sono stati notevoli: in meno di tre anni sono stati raccolti ben 80 miliardi di euro.

La domanda a questo punto sorge spontanea, vero? Ma dov'erano i nostri? Possibile che nessuno sia stato in grado di accorgersi e notare cosa si stesse facendo di buono fuori dal nostro Paese, che non si cercassero idee e progetti in grado di ridare fiato a un'economia sempre più asfittica? Possibile che nessuno si sia preso la briga di «copiare» ciò che di valido avevano già fatto gli altri?

Innanzitutto diciamo che «è meglio tardi che mai». Visti i numeri che abbiamo appena citato, però, e visto il successo che i Piani Individuali di Risparmio stanno avendo in Italia in questo periodo, forse, se fossero stati introdotti qualche anno prima, ora avremmo potuto parlare di risultati diversi e soprattutto di effetti diversi.

Invece siamo andati nella direzione opposta, trasformando risparmi e imprese, attraverso il fisco, in fonti di reddito per l'erario.

Quali sono stati gli effetti di questa miopia?

- I fallimenti sono esplosi.
- Con i fallimenti sono cresciuti repentinamente anche i crediti deteriorati.
- Con la crescita delle sofferenze le nostre banche sono andate in crisi.
- I risparmi hanno perso forme alternative di remunerazione, tanto da essere lasciati, per un terzo della ricchezza italiana, a languire senza alcun frutto in conto corrente.

Non basta. L'effetto negativo ha coinvolto anche i mercati finanziari. La Borsa Italiana in questi anni di crisi ha perso miliardi di capitalizzazione, e come abbiamo visto nei capitoli precedenti ha finito per diventare un piccolo multiplo rispetto alle Borse di altre nazioni.

E poi le imprese: si sono allontanate dai mercati azionari, e questo ha creato un effetto diseducativo anche per loro, così come i BOT avevano fatto con i risparmi.

Lontano dai mercati dei capitali, le aziende italiane, straordinarie in tanti ambiti, hanno perso in preparazione, competenza e capacità organizzativa. Hanno perso in competitività.

La rabbia per non aver saputo «copiare» aumenta se si guarda a ciò che è accaduto nel Regno Unito. Qui i numeri degli ISA (*Individual Saving Accounts*) sono davvero straordinari, troppo importanti perché qualcuno, anche solo per caso, non se ne accorgesse.

Nati nel 1999, gli ISA hanno raggiunto quasi il 75% della popolazione inglese, molto più di quanto non abbiano fatto da noi i libretti di risparmio in passato. Ma quello che fa davvero impressione è il «monte risparmi» trasferito in investimenti sul Paese: 588 miliardi di euro.

Capite adesso perché l'Inghilterra, prima della Brexit, era cresciuta tanto? Perché Londra era diventata la prima piazza finanziaria d'Europa e una delle più importanti al mondo? Perché la capitalizzazione delle aziende quotate in Inghilterra è cinque volte più alta di quella delle aziende italiane?

Avete capito ora perché la Borsa Italiana è stata acquistata dal London Stock Exchange e non è avvenuto il contrario?

I numeri parlano di un successo straordinario. L'indice AIM, quello che rappresenta la porta d'accesso per le piccole aziende al mondo della finanza londinese, dal lancio degli ISA ha registrato oltre 3.700 quotazioni. Perfino alcune catene di pub inglesi hanno deciso di quotarsi.

Di quelle 3.700 aziende molte sono scomparse, alcune si sono fuse o sono state incorporate in altre aziende, altre ancora sono cresciute talmente tanto da essere ammesse agli indici superiori della Borsa inglese. Oggi sull'AIM sono quotate un migliaio di aziende.

E in Italia? Nonostante nel nostro Paese ci sia una filiera manifatturiera decisamente migliore e più importante, in termini di numero d'imprese, rispetto a quella britannica, le aziende quotate non superano le 333 unità.

Cosa sarebbe cambiato se anche da noi avessero introdotto i PIR venti anni fa, invece che lo scorso anno? Certo non ne abbiamo la controprova. Di negazionisti, anche in questo settore, ne troveremmo tanti, ma i numeri difficilmente mentono, difficilmente sono confutabili.

Giudicate voi. E se ai numeri di successo registrati da altri Paesi aggiungiamo la forza delle imprese e del risparmio degli italiani, ecco che la miscela potrebbe davvero diventare esplosiva.

14

Cosa sarebbe accaduto alle imprese?

PROPRIO lo scorso anno la CONSOB (Commissione Nazionale per le Società e la Borsa) ha pubblicato una ricerca che analizzava le differenze emerse, negli anni, tra aziende che in Italia avevano scelto di quotarsi e aziende che invece avevano deciso di non farlo e di restare ancorate al banco-centrismo come unica forma di finanziamento.

In realtà, gli obiettivi della ricerca erano proprio quelli di capire il motivo per cui molte aziende italiane fossero rimaste lontane da Piazza Affari. Lo studio ha preso in considerazione un lasso di tempo che va dal 2001 al 2011.

Certo, siamo un po' indietro negli anni rispetto a oggi, ma si tratta pur sempre di un decennio molto particolare, che ha visto esplodere la crisi delle banche e che si è concluso con lo scoppio della crisi del debito sovrano. Quindi si tratta di un periodo abbastanza indicativo anche della capacità delle imprese di resistere a sollecitazioni e stress estremamente severi.

Ebbene, i dati parlano chiaramente e lo fanno in favore delle aziende che hanno scelto la strada dell'apertura al mondo dei capitali. Queste, come la ricerca ha evidenziato, hanno media-

Andamento della redditività

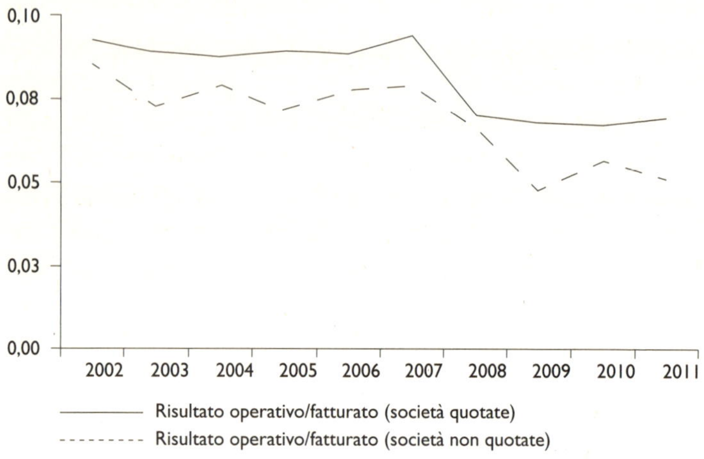

Fonte: CONSOB.

mente un patrimonio netto e un totale degli attivi che sono cresciuti più del doppio di quello delle aziende non quotate.

Lo stesso discorso vale per il numero degli occupati e per l'andamento del fatturato.

Ma credo che il grafico che più di qualsiasi parola possa aiutare a capire la differenza tra le due scelte di campo sia quello relativo all'aumento della redditività.

È evidente, in questo caso, come dopo il periodo di crisi l'andamento del fatturato delle aziende quotate tenda a riprendersi più facilmente rispetto a quanto non accada per quello delle aziende non quotate, che continua a picchiare verso il basso.

Allora è lecito porsi una domanda: cosa sarebbe cambiato nel nostro Paese se fossero state fatte scelte diverse? Se quantomeno fossimo stati in grado di copiare ciò che avevano saputo fare all'estero?

Quante aziende avremmo oggi in Borsa e quanto varrebbero? Quanti occupati avremmo in più? Quanti giovani non sarebbero stati costretti ad andare all'estero per cercare fortuna?

La quotazione per un'azienda è spesso un fatto di cultura, di preparazione, di trasparenza, ma è anche una questione di sopravvivenza. Legarsi oggi al credito bancario vuol dire legarsi a finanziamenti che, per i motivi che abbiamo visto, rischiano di essere sempre più asfittici e di breve termine. C'è il rischio di vedersi «chiudere i rubinetti» all'improvviso a causa di una crisi sistemica del mondo delle banche o della crisi vissuta dall'istituto cui abbiamo affidato il nostro futuro imprenditoriale.

Come per i risparmi, chiamati a diversificare quanto più possibile per cercare rendimento e sicurezza, anche le imprese devono diversificare le forme di finanziamento, se vogliono crescere e sopravvivere.

A quali progetti di crescita si può guardare senza avere le garanzie che questi possano essere adeguatamente finanziati? Un'impresa può crescere in mille modi, e può farlo ancora più facilmente acquisendone altre. Ma per farlo c'è bisogno di capitali, proprio quelli che altri mercati e Paesi hanno ricavato attingendo dai risparmi interni.

In Italia, lo abbiamo già detto, ci sono più di 51.000 aziende con un fatturato che supera i 5 milioni di euro. Di queste, quasi 16.000 hanno un fatturato che supera i 20 milioni di euro; e poi ci sono tutte le altre, quelle più grandi.

Capite che miniera abbiamo nel nostro Paese? Capite quanti «motori» (le imprese) straordinari possono essere alimentati con la «benzina» del risparmio?

È così che si possono mettere in pista (la pista della competizione mondiale) auto in grado di correre quanto e meglio delle omologhe degli altri Paesi.

I numeri dicono che in Italia ci sono circa 10.000 aziende potenzialmente in grado di quotarsi. Cosa accadrebbe se solo un migliaio di queste lo facesse davvero? Sarebbe questa la vera crescita, perché sarebbe sostenuta nel tempo dal valore del risparmio e dell'impresa. L'Italia che aiuta l'Italia, l'Italia che fa crescere l'Italia. Il Made *in* Italy trasformato in Made *for* Italy.

Utopia? Non credo, ed è proprio l'esperienza a indicarci la strada da seguire.

Una sera, a inizio dicembre 2017, ho intervistato Pierluigi Bocchini: è un imprenditore, presidente e amministratore delegato di Clabo Group, azienda quotata al FTSE AIM Italia. Eravamo ad Ancona, a due passi da casa sua, dalla sua azienda. Parlavamo a un convegno il cui pubblico era rappresentato proprio da altri suoi colleghi imprenditori.

Gli ho chiesto di raccontare la sua esperienza e di spiegare perché nel 2015, un anno non molto facile per i mercati finanziari, alla Clabo avessero scelto la strada della quotazione. Le sue parole sono state illuminanti.

«Non potevamo farne a meno», ha esordito, «proprio perché avevamo intenzione di crescere. E oggi, a distanza di due anni, posso dire che è stata un'ottima intuizione. In tanti ambiti. I nostri risultati sono cambiati radicalmente. Abbiamo potuto fare investimenti costruendo stabilimenti all'estero e portando una parte della produzione dei nostri prodotti lì dove sono più richiesti.»

«Ma la quotazione non rappresenta soltanto un nuovo apporto di capitali», ha continuato. «Quotarsi vuol dire mettere in ordine l'azienda, strutturare i progetti di crescita, creare dei piani industriali, mettere a posto i libri contabili, rendersi trasparenti e appetibili, dotarsi di manager in grado di accrescere il potenziale di competitività dell'impresa stessa.»

Poi ha sospirato, prendendosi una pausa. «La quotazione non è una passeggiata di salute», ha dichiarato, evidentemente ripensando a tutte le difficoltà affrontate. «A volte il confronto con gli analisti è pesante e faticoso, ma osservandolo dalla giusta ottica diventa il pungolo ideale per ripartire e crescere. Quando si è immersi in ciò che si fa, difficilmente si ha una visione prospettica delle cose. Avere qualcuno che ogni tanto guarda ai tuoi progetti da angolazioni diverse aiuta a crescere e migliorare.»

Poi ha aggiunto: «Qualcuno erroneamente ha paura di perdere il controllo dell'azienda che ha creato. Per questo non si avvicina al mondo della quotazione. Nulla di più inverosimile. L'impresa è legata a filo doppio all'imprenditore, spesso alla famiglia che la porta avanti. Nessun investitore sarebbe così sprovveduto da togliere il timoniere a una nave che ha dimostrato di saper veleggiare bene. Non solo: quasi sempre il controllo della maggioranza dei pacchetti azionari resta nelle mani di chi ha creato l'azienda. C'è solo da confrontarsi con nuovi soci, ma questi portano nuova linfa, in termini di capitali e di idee».

C'è stata poi una frase, un pensiero espresso dal presidente di Clabo Group che ha colpito un po' tutti. È stato quando gli ho chiesto della differenza, a suo modo di vedere, tra il finanziamento bancario e quello in arrivo dal mercato dei capitali alimentato o con la quotazione o con emissioni di obbligazioni.

«Crede che le banche non guardino alla condizione economica dell'azienda quando devono erogare credito?» mi ha risposto. «Ma c'è una differenza sostanziale rispetto al mercato. Le banche per fare il loro lavoro sono chiamate a spulciare i bilanci, ma quello è un modo di guardare al passato dell'azienda. Anche gli investitori guardano ai bilanci, per carità, ma non solo a quelli.

«Gli investitori guardano ai business plan, e per questo sono orientati al futuro, sono orientati ai nostri obiettivi e sogni di imprenditori.

«Credetemi, ma voi lo sapete bene», ha sottolineato prendendosi una pausa, «per quelli come noi la sfida è tutta qui, nell'orientamento verso il futuro.»

15

Cosa sarebbe accaduto ai risparmi?

NELL'AUTUNNO del 2017 ho scritto molto di Piani Individuali di Risparmio nei miei articoli, e ho trattato spesso l'argomento nelle mie trasmissioni televisive. Proprio per questo ho avuto modo di confrontarmi con molti risparmiatori che mi hanno chiesto approfondimenti rispetto a quanto avevano letto o visto in tv.

Questo mi ha fatto capire quanto l'argomento sia vivo e sentito, quanto l'interesse per questi nuovi strumenti di risparmio sia davvero alto. In un periodo storico in cui i tassi continuano a essere prossimi allo zero, l'idea di remunerare al meglio i propri capitali, evidentemente, attrae non poco i risparmiatori di casa nostra.

Ma c'è bisogno di fare ulteriore chiarezza. I PIR non sono come i BOT; non sono neanche paragonabili ai titoli di Stato, per cui è necessario approfondirne la conoscenza prima di decidere se sottoscriverli o meno.

Si tratta di un vero e proprio investimento sull'economia reale, sulla forza dell'impresa italiana in particolare. In sintesi potremmo dire che i PIR rappresentano il primo vero passo verso l'evoluzione della figura del risparmiatore in quella di investitore.

Non a caso le domande che più frequentemente mi sono state rivolte riguardano soprattutto le potenzialità del mercato italiano che intercetterà la maggior parte degli investimenti previsti dai PIR. Almeno il 70%, infatti, sarà proprio indirizzato a investimenti sul mercato di casa nostra.

Ricordiamoci che nell'ottica di una diversificazione sempre più ampia, correttamente, il 30% del patrimonio dei fondi PIR dovrà essere diversificato in tutto il mondo, e questo servirà a evitare un'eccessiva concentrazione del rischio sul solo mercato italiano. Abbiamo anche visto nel Capitolo 9 quale sia la forza della diversificazione su scala mondiale.

Ma l'altro 70% resta nel Bel Paese, e investirà direttamente sulle aziende italiane, anche e soprattutto sulle piccole e medie imprese, quelle che in realtà rappresentano il vero tessuto imprenditoriale di casa nostra.

Della forza delle imprese italiane abbiamo già detto e raccontato tanto, in questo libro. Certo, bisognerebbe aiutarle a crescere meglio: il Paese dovrebbe essere chiamato a «fare sistema», e la politica dovrebbe fare la sua parte alleggerendo burocrazia e fisco e incentivando gli investimenti.

Come abbiamo già scritto, a prescindere da tutto questo, nonostante le zavorre che è costretto a trasportare e i legacci con cui è costretto a combattere, l'imprenditore italiano ha dimostrato di avere una marcia in più rispetto ai suoi omologhi stranieri. Sono i numeri a testimoniarlo. Basterebbe guardare alla crescita delle sole esportazioni nel corso dell'ultimo anno per rendersi conto della vera forza del «brand Italia», una forza che sta tutta nella qualità dei suoi prodotti.

Resta allora il tema lanciato nel titolo con cui ho aperto questo capitolo: visto che sono vantaggiosi soprattutto per la forza dell'agevolazione fiscale, che cancella il peso del 26% di tasse da pagare sugli interessi prodotti dall'investimento stesso, i PIR saranno in grado di fornire ritorni apprezzabili?

Tradotto: *il 26% di zero è comunque zero*. Ovvero, i PIR rappresentano un ottimo strumento per remunerare il risparmio proprio in funzione della misura con cui saranno in grado di produrre questo rendimento. È su questo che bisogna confrontarsi.

C'è una prima sottolineatura che voglio fare in questa direzione: *nessuno può prevedere il futuro*, nessuno può farlo. Vi consiglio di diffidare di chiunque si professi in grado di anticiparvi cosa potrebbe accadere domani, e non solo in campo finanziario.

Il futuro non posso prevederlo, però posso immaginarlo, e posso immaginarlo soprattutto facendo tesoro di quello che è accaduto in passato.

Non è necessario che lo scriva: la storia è maestra di vita, dovremmo saperlo. E allora rileggiamola, la storia. Prendiamo un lasso temporale congruo con l'investimento in PIR e torniamo indietro nel tempo. Guardiamo agli ultimi cinque anni di storia economica italiana. Sono stati cinque anni difficili per il nostro Paese e per le aziende che vivono, lavorano e producono in Italia. Anni di fisco pesante, di burocrazia complicata, di fallimento del sistema banco-centrico con conseguente riduzione dei finanziamenti proprio verso le aziende.

E cos'è accaduto? Tantissime aziende sono entrate in crisi. Molte sono addirittura fallite, mentre altre hanno dovuto vendere per garantire la propria sopravvivenza e tutelare i posti di lavoro. Altre ancora, meglio strutturate, hanno approfittato della crisi dei concorrenti per accrescere le quote di mercato, per incrementare le vendite e il fatturato. In una parola, si sono rafforzate.

Inoltre è aumentata la disoccupazione giovanile, ma allo stesso tempo è cresciuta la richiesta di personale sempre più specializzato e preparato.

La crisi allarga sempre di più il solco tra ciò che funziona e ciò che non funziona, tra ciò che vale, quello che vale un po' meno e quello che non vale proprio niente.

Nei momenti critici non c'è spazio per l'improvvisazione. La crisi getta le basi della crescita successiva. La crisi è il tempo delle ristrutturazioni.

Succede sempre e ovunque, non solo in economia. Un corpo in crisi va curato, una relazione sentimentale in crisi va alimentata, un palazzo diroccato va consolidato e riammodernato. Purtroppo non sempre le cure hanno effetto, con tutte le conseguenze del caso, ma in alcuni casi funzionano eccome, e dopo la cura il corpo, il rapporto sentimentale e il palazzo diroccato risorgono.

È nella natura delle cose, della vita stessa. Ed è così anche in economia, perché l'economia non fa altro che esprimere, in altri modi, proprio i temi della vita, i suoi cicli, le sue stagioni, i suoi alti e bassi.

Se cinque anni fa avessi scelto di investire su un'azienda italiana, che risultato avrei ottenuto? Oggi avremmo tutte le risposte, ma cinque anni fa non le avevamo, così come non le abbiamo oggi se guardiamo ai prossimi cinque.

La diversificazione però premia, la scommessa no: lo sappiamo, lo abbiamo già visto. Chi ha investito (scommesso) cinque anni fa sui titoli azionari di una delle tante banche italiane che sono fallite, oggi si ritrova con un pugno di mosche tra le mani. Il mercato italiano invece è ancora lì; tra alti e bassi ma è ancora lì e non è scomparso.

La Borsa Italiana, che con i suoi indici rappresenta la massima diversificazione realizzabile sul mercato domestico, ci permette di misurare con chiarezza cosa sarebbe successo se cinque anni or sono avessimo scelto di diversificare parte dei nostri risparmi proprio sul mercato interno.

Facciamolo attraverso un esempio numerico. Immaginiamo di aver investito 100.000 euro e di voler verificare quanti ne avremmo oggi.

Cominciamo dal FTSE MIB Price, l'indice più noto, quello che misura la crescita delle prime 40 aziende italiane quotate in Borsa. La misurazione è stata fatta il 22 novembre 2017, partendo dallo stesso periodo del 2012.

Ebbene, tale indice in questi cinque anni è cresciuto del 43,54%. I nostri 100.000 euro oggi sarebbero diventati 143.540. Sono gli stessi anni in cui ci si è lamentati continuamente della crisi e in cui abbiamo fatto una fatica del diavolo a remunerare i nostri risparmi, tanto che per la maggior parte di noi l'unica scelta, quella quasi obbligata, è stata lasciarli sul conto corrente.

In questi stessi cinque anni questo è stato il risultato medio complessivo delle prime 40 aziende italiane quotate in Borsa. Certo, avremmo dovuto pagare il 26% di tasse sugli interessi, cioè 11.320 euro, ma il risultato finale sarebbe stato comunque estremamente positivo.

A saperlo prima…vero?!

Proseguiamo ora analizzando gli altri indici di Borsa Italiana, quelli che rappresentano le aziende a capitalizzazione minore rispetto alle prime 40.

Partiamo dal FTSE Italia Small Cap, quello delle aziende più piccole. In questo caso il risultato nei cinque anni è stato ancora più importante: 80,05%. I nostri 100.000 euro oggi sarebbero diventati 180.050. Le tasse da pagare sugli interessi, in questo caso, sarebbero state pari a 20.800 euro.

Poi c'è il FTSE Italia Mid Cap, quello che misura l'andamento delle aziende di media capitalizzazione. Nello stesso quinquennio è cresciuto del 158,33%. I nostri 100.000 euro oggi sarebbero diventati 258.330. Anche le tasse da pagare crescono: 41.165 euro.

L'ultimo indice che prendiamo in considerazione è il FTSE Italia Star, che misura l'andamento dei titoli ad alti requisiti. In questo segmento la crescita nei cinque anni, che invece per tutti sono sembrati anni bui, è stata del 255,77%. I nostri 100.000 euro oggi sarebbero diventati 355.770. Il 26% di tasse da pagare in questo caso sarebbe stato di 66.500 euro.

Numeri impressionanti, vero? Se non mi credete cercate pure gli indici su Google, troverete immediati riscontri, anche dal punto di vista grafico, della crescita e dei numeri riportati.

Ci tengo a ricordare, perché non basta mai, che questi numeri rappresentano il passato, anche se un passato complicato, e che non offrono alcuna garanzia per il futuro. Gli investimenti in Borsa non sono da paragonare ai titoli di Stato, hanno bisogno di tempi congrui e di professionisti che ci aiutino, prima di tutto, a verificarne l'adeguatezza in merito ai nostri bisogni, e che ci guidino nella scelta oltre che a seguirli nel tempo.

Torniamo ai numeri degli ultimi cinque anni: va detto che la crescita registrata è solo funzione del valore delle aziende contenute negli indici stessi. Nessun aiuto è arrivato dall'esterno, nessuna agevolazione fiscale, nessuna vera spinta da parte del «sistema Paese».

Quello che fa rabbia, tanta rabbia, è che pochissimi risparmiatori italiani hanno potuto beneficiare di questa crescita. Non c'era la cultura necessaria e neanche la spinta fiscale a orientare in maniera differente le scelte di investimento degli italiani.

Quello che fa rabbia, tanta rabbia, è che la maggior parte degli investimenti sulle aziende del nostro Paese sono di provenienza straniera. È all'estero che sono state realizzate le plusvalenze che abbiamo appena descritto.

Ma non è tutto.

C'è un altro indice della Borsa Italiana di cui non abbiamo ancora parlato. Si tratta del FTSE AIM Italia, l'indice delle PMI italiane ad alto potenziale di crescita. In realtà la crescita questo indice l'ha vista con il cannocchiale. Nato il 1° gennaio 2013, l'AIM a fine novembre 2017 registrava ancora una perdita pari al -4,90%. I nostri 100.000 euro dopo quasi cinque anni, oggi sarebbero diventati 95.100 euro. L'unico vantaggio? Niente utili, quindi niente 26% di tasse da pagare.

Magra consolazione...

Perché questo risultato è così distante da quello di tutti gli altri indici? Proprio perché l'AIM rappresenta una parte del mercato della Borsa Italiana estremamente piccolo, asfittico, fatto di pochissimi scambi, quasi illiquido e con non più di una settantina di titoli al suo interno. Un mercato in cui, fino a ieri, era difficile fare compravendite, in cui poche migliaia di euro di transazione rischiavano di far scendere o salire di parecchi punti percentuali il valore dell'azienda scambiata.

Proprio questa condizione di asfissia, di mancanza di liquidità, ha tenuto lontano da questo mercato tanto gli investitori quanto le aziende. Insomma, fino a gennaio del 2017 l'AIM sembrava un mercato «sull'orlo di una crisi di nervi», per dirla con un eufemismo.

Poi di colpo tutto è cambiato. Sono arrivati i PIR che, chiamati a investire il 20% del totale del portafoglio proprio sulle PMI italiane, hanno iniettato liquidità anche e proprio su questa parte del mercato italiano.

Il trend è cambiato completamente.

Lo dicono i numeri. Dal 1° gennaio 2017 al 22 novembre dello stesso anno, data finale delle nostre misurazioni su tutti gli indici, il FTSE AIM Italia ha registrato una crescita del 22,97%. Lascio a voi fare tutti gli altri calcoli.

Cosa sarebbe accaduto ai nostri risparmi se i PIR fossero stati introdotti prima anche nel nostro Paese?

Avremmo avuto risparmiatori, anzi investitori più evoluti e più educati. Avremmo avuto più capacità e accortezza nel gestire i capitali. Avremmo diversificato molto di più, evitando d'incappare in «agguati» come quelli determinati dal fallimento di un buon numero di banche italiane che hanno travolto migliaia di azionisti e obbligazionisti subordinati. Avremmo allungato la durata dei nostri investimenti intercettando meglio alcune delle nostre esigenze di accantonamento futuro.

Saremmo più ricchi, insomma. E non soltanto per il conto in banca.

16

Avvertenze e istruzioni per l'uso

Qualche settimana prima della fine del 2017 sono entrato nella filiale di una banca. La scena a cui ho assistito mi ha lasciato molto perplesso.

Stavo completando la compilazione di un modello per fare un'operazione quando ho sentito qualcuno parlare di PIR. Era l'addetto a uno sportello. Di fronte a lui una signora sulla cinquantina ascoltava cosa quel bancario avesse da dirle.

Ho smesso di scrivere. Senza darlo a vedere, ho cercato di ascoltare meglio che potessi il tentativo di spiegare il nuovo servizio finanziario. Sono inorridito.

«Vede», diceva l'addetto, «visto che non è più possibile utilizzare i titoli di Stato a causa dei rendimenti troppo bassi, il governo ha deciso di creare e promuovere altri strumenti finanziari. I PIR appunto...»

Tutto in un minuto, praticamente senza spiegazioni. Nessun riferimento alla differenza di rischio tra il prodotto PIR e i titoli di Stato, nessun riferimento all'orizzonte temporale. Il bancario ha completato l'operazione facendo firmare alcuni moduli alla donna che, dall'espressione, appariva abbastanza soddisfatta dell'«affare» appena concluso. Uscita la signora mi sono presentato a quell'addetto, gli ho spiegato chi fossi, gli ho spiegato la gravità dei suoi comportamenti e abbiamo discusso un po'…

Spero che quel bancario o quella donna leggano questo libro e si riconoscano. Non sarà colpa del PIR se quella donna il prossimo anno dovesse trovarsi in difficoltà; non sarà colpa del PIR se dovesse sentirsi truffata. Che gli organi di controllo controllino, una volta per tutte.

Non voglio però fare di tutta l'erba un fascio. Per questo non ho fatto il nome della filiale né quello del bancario, segnato su un cartellino in bella evidenza davanti al suo banco di lavoro. Per fortuna non sono tutti così: per fortuna la maggioranza è fatta di professionisti preparati e capaci, attenti e scrupolosi. È a questi che bisogna fare riferimento.

Intanto nelle prossime pagine voglio evidenziare alcune caratteristiche essenziali del prodotto PIR, in modo tale da mettere a disposizione di tutti informazioni utili alle proprie scelte di investimento. Poche, essenziali e basilari.

I PIR sono investimenti di lungo periodo, questo è bene chiarirlo. L'asse temporale di riferimento va dai cinque anni in su, e maggiore sarà il tempo di mantenimento del servizio, maggiore sarà l'effetto leva che le esenzioni dalle tasse sui rendimenti potranno produrre e maggiori saranno i rendimenti stessi.

I PIR sono un investimento per buona parte azionario, anche se possono essere costruiti anche attraverso portafogli obbligazionari o bilanciati. Comunque, per la loro caratteristica intrinseca è impossibile prevederne il rendimento nel tempo, è impossibile predeterminarlo. Inoltre la crescita non potrà essere lineare, ma attraverserà momenti di oscillazione che, in alcuni casi, potranno essere anche molto sostenuti. Queste oscillazioni potranno però essere sfruttate, fino a diventare un accessorio in più del viaggio finanziario che sceglieremo di fare.

Poiché non sappiamo quale sarà il momento migliore per investire – ricordate di diffidare di chiunque faccia delle previsioni – sarà bene farlo a rate, sarà bene entrare sui mercati differenziando il tempo d'investimento. Per fare un esempio, invece di 30.000 euro in un'unica volta sarà meglio versare 2.500 al mese per 12 mesi.

Perché? Ricordate quando andavate a scuola? Io avevo un insegnante di lettere straordinario, il professor Di Donato. Ci interrogava almeno sei volte a semestre, costringendoci a prepararci a dovere su ogni parte del programma. Tuttavia, più volte ci chiamava alla cattedra più aumentava la possibilità che ci cogliesse impreparati. Così avere più voti nel semestre non faceva altro che rischiare di abbassare la media stessa.

Vi è chiaro? Se prendevo dei sette o poi un sei o un cinque, la media finale era intorno al 6,5. Semplice.

Se questo processo matematico non era troppo vantaggioso per il profitto scolastico, in finanza invece può tornare utile. Versare con maggior frequenza i nostri capitali sugli investimenti azionari ci consente di abbassare la media del prezzo dei nostri acquisti: sarà più facile cogliere qualche momento di flessione dei mercati, e questo ci permetterà di migliorare i nostri rendimenti nel tempo.

Facciamo un esempio: se la prima volta acquistiamo a 100, la seconda a 110 e la terza a 60, facendo una media è come se avessimo acquistato tutto a 84. Quindi è come se il nostro investimento avesse una base di partenza a valore 84, e quando il mercato sarà a quota 85 saremo già in zona guadagno.

Se questa operazione la ripetiamo nel tempo dei cinque

anni di durata del PIR, mese dopo mese, avremo la possibilità di abbassare ancora di più la media dei nostri acquisti. Con rialzi sempre più piccoli dei mercati otterremo i guadagni, detassati, cui tanto aneliamo.

C'è un altro aspetto importante da considerare. I versamenti devono essere automatici. Non siamo in grado di scegliere i momenti migliori in cui investire, e l'emozione, come abbiamo visto, ci condiziona; lo farebbe talmente tanto da frenarci proprio quando sarebbe il momento di agire.

A mente fredda siamo consapevoli di dover investire quando i prezzi sono bassi, ma i prezzi bassi di solito sono sinonimo di mercati in difficoltà, e quando i mercati scendono, normalmente abbiamo paura e scappiamo.

L'automatismo invece ci aiuta a vincere la paura: gestisce la nostra emotività e ci permette di dare forza e risultato alle nostre scelte d'investimento. Quindi meglio un PIR in forma PAC (Piano di Accumulo) che un PIR a versamenti unici. Ricordatelo.

Quello che ho appena scritto ci fa capire che i PIR non hanno nulla a che vedere con l'andamento nel tempo dei titoli di Stato, quindi non vanno in alcun modo paragonati ai vecchi BOT e BTP. Per questo mi sono arrabbiato con quel bancario di cui vi ho raccontato.

PIR e titoli di Stato sono due strumenti finanziari diversi, due medicine che curano malattie differenti. Inutile metterli a confronto: è come se confrontassimo un integratore con un antibiotico, una mattonella con un pilastro in cemento armato, una foglia con un albero. Perché disorientare inutilmente gli investitori?

I risultati dei PIR saranno funzione della crescita delle

aziende in cui i fondi andranno a investire. Nel tempo ci saranno aziende che faranno meglio di altre, altre che non ce la faranno, altre ancora che cresceranno più di quanto si potesse immaginare. I rendimenti saranno anche funzione della capacità del nostro Paese di fare sistema e di migliorare la burocrazia e la fiscalità in cui operano le nostre imprese. Saranno funzione del contesto internazionale che si svilupperà nei prossimi anni.

Senza scommesse.

Saranno la diversificazione e la capacità dei gestori di cogliere le opportunità sui mercati e di valutare le aziende che meritano la loro fiducia a premiare gli investitori. Sarà la capacità dei vostri consulenti di scegliere il prodotto più adatto alle vostre esigenze e saranno anche gli automatismi dei versamenti fatti mese dopo mese a creare valore.

Questa è la filiera degli investimenti: e in questa filiera ogni componente deve sempre sapere bene da che parte stare e cosa fare.

17

Effetto PIR

NEL mercato italiano c'è un «effetto PIR». Le raccolte stanno crescendo in progressione geometrica e sono esplose, letteralmente esplose, nella seconda parte del 2017. L'offerta di prodotto si sta allargando e un numero maggiore di banche e società di gestione continua a entrare in un mercato che appare sempre più interessante, viste le masse di risparmio disponibili nel nostro Paese.

Qualcuno vede nei PIR il modo per aiutare le banche a intercettare risparmi, a fare commissioni, a rimpinguare i bilanci. Non serve demonizzare, ma creare attenzione sì.

Senza dubbio le istituzioni finanziarie ne avranno un vantaggio, che sarà principalmente economico. Ma avete mai visto filiere di qualunque genere operare senza tornaconto? Lavorereste senza premio? Io no, ma non solo: non mi affiderei a professionisti incapaci di valorizzare, anche economicamente, la loro competenza. In qualunque campo essi agiscano.

Le banche guadagnano? Ben venga, se si tratta di un guadagno giusto ed equo per le operazioni di gestione e consulenza nei confronti del mondo del risparmio. È necessario che i risparmi si tramutino in investimenti, che crescano, che supportino finanziariamente gli italiani per le loro crescenti necessità future.

Questo è possibile farlo soltanto formando le persone. Come? Fino a qualche tempo fa anch'io ero un sostenitore dell'educazione finanziaria a ogni costo. Ora, invece, a chi mi sottolinea quanto sia determinante crearsi una cultura in ambito economico rispondo: «No, grazie».

Mi spiego meglio.

Non intendo scrivere la solita manfrina su quanto siano poco attenti alle finanze gli italiani, su come siano in coda a tutte le classifiche del settore, di come non siano accorti alla corretta gestione del risparmio. Anzi, voglio proprio affermare il contrario: se siamo uno dei Paesi con la maggior ricchezza privata al mondo credo sia vero proprio l'esatto opposto.

Se siamo riusciti ad accantonare 4.300 miliardi di euro di risparmi, evidentemente qualcosa siamo stati capaci di farla, no?

Quindi, dove sta il bandolo della matassa? Perché si continua a urlare ai quattro venti che nessuno, tra gli italiani, sa nulla di economia e finanza?

Credo che, almeno in parte, faccia comodo, perché assolve le istituzioni finanziarie e lo Stato dallo svolgere il proprio compito, che è quello di proteggere il risparmio, come cita lo stesso articolo 47 della Costituzione Italiana. Insomma, ci dicono: «Studiate, perché se poi comperate le obbligazioni subordinate di una banca che salta, la colpa è principalmente vostra». Così non sarà più colpa di chi ha permesso che certi titoli venissero venduti a persone che non avevano le caratteristiche per acquistarle. Così il «fio» starà tutto nella sprovvedutezza del risparmiatore impreparato.

Ma allora dovrebbe accadere lo stesso in campo medico. In

caso di malattia dovrò mettermi a studiare tutta l'enciclopedia medica invece di rivolgermi a un professionista capace di farmi guarire? E anche in ambito legale. Se devo dirimere una lite dovrò studiare il codice civile o penale invece che affidarmi a un bravo avvocato? Se dovrò ristrutturare casa, tornerò all'università invece di chiedere a un architetto? Insomma, è ora di uscire da questa impasse.

Quando torno a casa la sera voglio passare del tempo con la mia famiglia, leggere un buon libro, guardare un film o seguire una partita di calcio della mia squadra del cuore. Volete questo anche voi o preferireste mettervi a studiare tecnica bancaria e scienza delle finanze?

Piuttosto che analizzare classifiche improponibili che, tra l'altro, anno dopo anno ci dicono sempre le stesse cose, chiediamoci perché siamo gli ultimi della classe. Certo c'è carenza di «messaggi scolastici», e in questo si può migliorare. Tuttavia ritengo che la cultura finanziaria cresca con l'affiancamento di professionisti preparati che possano aiutarci, proprio come fanno i loro omologhi in qualunque altro settore. Dopo aver affrontato una malattia, grazie alle spiegazioni ricevute dal medico ne saprò molto di più di quanto non ne sapessi prima, perché il medico che mi segue ha accresciuto la mia preparazione in materia.

Anche in finanza è alla consulenza che bisogna guardare, è alla consulenza che bisogna affidarsi, è grazie a questa che diventeremo più educati anche in questo campo. Ma la consulenza viene agevolata se il mondo attorno a noi è più maturo e capace di prenderci per mano. Come ho scritto nelle prime pagine di questo libro, sono state proprio le istituzioni, creando sperequazioni fiscali tutte a vantaggio dei titoli di Stato, a orientare le scelte d'investimento degli italiani.

Ora finalmente siamo alla soglia di un nuovo mondo, in

cui l'educazione finanziaria sarà indotta anche dalla fiscalità agevolata verso l'investimento in aziende e imprese italiane e dal concomitante azzeramento dei tassi d'interesse sui titoli di Stato.

L'educazione finanziaria sta nella vita di tutti i giorni, e sta anche nelle caratteristiche di un prodotto che «spinge» gli italiani a cercare strade diverse: diversificazione, tempi più lunghi per remunerare l'investimento, la scelta di una forma di accumulo che permetta di rateizzare l'investimento per sfruttare le oscillazioni dei mercati (i PAC che ho citato prima), e la necessità di affidarsi a chi ne sa più di noi, a un professionista che sappia in che direzione orientare le nostre scelte.

I PIR, a ben guardare, rappresentano tutto questo.

Vi sembra troppo? Chiediamoci allora perché nei Paesi in cui questi strumenti sono stati già introdotti da anni i cittadini hanno una preparazione finanziaria maggiore della nostra. Sarà un caso? O loro la sera, a casa, studiano ciò che noi non studiamo?

Non credo sia così. Sono più evoluti perché il loro ambiente finanziario è più evoluto, perché sono stati stimolati prima di noi a trasformare i loro risparmi in investimenti, a dare valore ai sacrifici di una vita.

Insomma, conviene alle banche e conviene ai risparmiatori. E le imprese? In molti azzardano un dubbio: che il mercato italiano sia troppo piccolo, in termini di aziende, per assorbire la massa di risparmi in arrivo.

Ma chi ha questo dubbio è miope oppure guarda al mercato con «occhi vecchi». Solo per l'arrivo dei PIR nel 2017 si sono già quotate 32 nuove aziende, non ultima Pirelli, e nei prossimi anni il numero aumenterà a dismisura. È stato uno dei migliori anni di sempre per le quotazioni, e siamo appena agli inizi dell'effetto PIR.

Ma non basta: guardando al passato abbiamo già visto che i rendimenti degli indici legati alle piccole e medie imprese italiane hanno registrato performance decisamente migliori rispetto all'indice principale. Il tutto in un periodo difficile. Cosa potrebbe accadere a quelle piccole e medie imprese (e a tutte quelle che si quoteranno) ora che grazie ai PIR l'economia verrà alimentata con nuovo carburante?

Quante se ne quoteranno? Quante decideranno di emettere titoli obbligazionari per finanziare i loro piani di sviluppo? Una recente ricerca ha evidenziato come per ogni azienda quotata ve ne siano almeno un centinaio di piccole dimensioni che le gravitano attorno.

Forniture, consulenze, supporti di ogni genere. L'indotto: è così che lo chiamano. Ma indotto significa nuovi posti di lavoro, nuovi salari, nuova produzione di beni e servizi. Significa fiducia, ripresa, consumi. Perfino la situazione onerosa sui crediti deteriorati delle banche italiane potrebbe risentirne positivamente.

Un passo in avanti in questa direzione è stato fatto grazie alla nuova legge di bilancio, approvata alla fine del 2017. Infatti è stata prevista la concessione di un credito d'imposta del 50% dei costi di consulenza e collocamento legati alla quotazione in Borsa per le PMI.

La norma si inserisce nel novero delle misure di finanza per la crescita che prevedono incentivi per l'accesso alle imprese alla finanza, allo scopo di promuovere un ambiente più favorevole agli investimenti e alla capitalizzazione delle imprese. L'agevolazione spetterà alle piccole e medie imprese nella misura massima individuale di 500.000 euro per costi di consulenza sostenuti dal 1° gennaio 2018 al 31 dicembre

2020, e sarà riconosciuta solo in caso di perfezionamento della procedura di ammissione alla quotazione.

Insomma, ora il cerchio è chiuso.

L'anno scorso sono stati introdotti gli incentivi fiscali perché i risparmi andassero verso le imprese; quest'anno sono stati aggiunti incentivi perché le aziende possano quotarsi con maggiore facilità, alleggerendo quegli oneri economici che, come abbiamo visto nelle pagine precedenti, rappresentavano uno scoglio davvero importante per l'apertura delle imprese al mondo della finanza.

Questo rappresenterà un ulteriore acceleratore alla crescita del mercato.

E se convenisse proprio a tutti? Se il Paese dovesse prendere a correre, alla corsa potremmo partecipare tutti. Ognuno a modo proprio.

Quindi, conviene alle banche, conviene ai risparmiatori e conviene alle imprese.

Conviene al Paese.

18

Quelli che fanno accadere le cose

È IL 25 maggio 2017. Da circa un'ora sono in viaggio verso Torino; in autostrada il traffico è quasi inesistente. Leggo il giornale. Nessuna notizia particolarmente interessante. Cerco però qualche motivo di distrazione, qualunque cosa che non mi faccia concentrare troppo sulla vera notizia della giornata e che mi riguarda molto da vicino: sto viaggiando su un'auto che nessuno sta guidando.

Sì, la Tesla che mi ospita non è solo un'auto elettrica, ma è anche dotata di guida autonoma. Per uno come me, abituato a guidare anche per il solo piacere di farlo, non è facile. I primi chilometri sono trascorsi tra un misto di incredulità e timore. Con il passare del tempo però mi rendo conto che quell'auto rappresenta il futuro, e che il futuro è qui. Realizzo che mia figlia, che oggi ha soltanto dieci anni, difficilmente guiderà la sua auto.

Dobbiamo capire che il mondo cambia e lo fa più in fretta di quanto spesso ce ne rendiamo conto.

Il progresso non lo ferma nessuno: fa girare il mondo ed è una forza alimentata costantemente dalla capacità di tutti noi di «fare impresa». Ognuno nel proprio piccolo è un imprenditore; lo siamo tutti, anche quando organizziamo le nostre agende, che danno cadenza e ritmo alle nostre vite.

Poi c'è chi si spinge più in là, come chi ha immaginato, progettato e realizzato l'auto su cui sto viaggiando: un vero gioiello di tecnologia.

Nella mia vita ho avuto la fortuna di conoscere tanti grandi uomini, uomini capaci di grandi imprese. Li ho intervistati, ho parlato con loro per ore, sono entrato dentro le loro storie. Alcune le ho anche raccontate. Al di là dei settori in cui operano, hanno tutti gli stessi punti in comune: la passione e la dedizione per quello che fanno, la capacità di sacrificarsi e di rialzarsi dopo una caduta, di saper guardare lontano.

Quando chiedi qual è il segreto del loro successo, nella maggior parte dei casi fanno fatica a darti spiegazioni, e quando lo fanno forniscono risposte scontate, parlano di coincidenze, di eventi irripetibili che li hanno portati a diventare ciò che sono. In realtà non sanno rispondere perché non hanno segreti da condividere, perché dal loro punto di vista quello che hanno fatto è normale.

Siamo noi che li guardiamo con occhi diversi, siamo noi quelli diversi. Ma approfondendo la loro conoscenza finisci per capire; o almeno così credo di aver fatto io. Capisci che questi grandi uomini sono quelli che *fanno accadere le cose.*

Cosa intendo con questa affermazione? È una coincidenza trovarsi sempre al posto giusto al momento giusto? È una coincidenza fare una scelta invece di un'altra? Una coincidenza decidere di seguire una strada che altri neanche riescono a immaginare? No, non è una coincidenza. Significa invece far accadere le cose, significa attrarre su se stesso energie positive, che si traducono in risultati positivi.

Del resto succede anche a noi «persone normali»: quando siamo molto concentrati in una ricerca o in un'attività ci sembra che tutto ciò che ascoltiamo finisca, in qualche modo, per parlare di quello che stiamo facendo o cercando. Ricordiamo cose che credevamo di aver dimenticato, troviamo oggetti che ci sono improvvisamente utili e che pensavamo di non avere, «avvertiamo» una strana forza che ci trascina ben oltre quello che immaginavano. Non avvertiamo la stanchezza e niente ci può distrarre.

Mi viene in mente l'immagine di una radio. Ecco, noi siamo come delle radio, che ricevono centinaia di frequenze, centinaia di informazioni. Le riceviamo anche quando siamo spenti, in realtà, ma quando siamo «accesi» riusciamo a selezionare la canzone che ci piace di più, la notizia che ci interessa e troviamo la voce che ci fa da guida.

Ci sono persone che hanno la capacità di «accendersi» più di altre; non si tratta di coincidenze, semplicemente fanno accadere le cose. È su questi uomini e sulle loro imprese che voglio investire i miei capitali, perché grazie a loro e alla loro forza di restare sempre accesi anche i miei capitali cresceranno.

Mentre scrivo queste parole mi torna in mente la ricerca della Fondazione Edison di cui ho già parlato nel Capitolo 3. Ripenso al fatto che ci sono 1.000 prodotti italiani ai primi tre posti della loro categoria. E le categorie prese in considerazione dalla ricerca sono 5.000.

Poi penso che ce sono altri e che, magari, sono meno conosciuti ma hanno la stessa forza. Quei prodotti – i primi 1.000 e tutti gli altri – chi li realizza? Chi li ha immaginati, progettati e fatti diventare reali? Uomini come noi, imprenditori, persone capaci di essere «accese», di fare della loro vita qualcosa di speciale, di essere capaci di realizzare qualcosa di speciale anche con le vite di tutti coloro che attraversano la loro strada.

Mi è capitato di leggere anche un altro studio, questa volta realizzato dalla Camera di Commercio di Monza. Grazie a questa ricerca ho scoperto che nel nostro Paese ci sono Aziende – la A maiuscola non è un errore – che addirittura sono nate prima dell'Unità d'Italia e che oggi sono ancora vive e vegete. E ce ne sono altre che hanno almeno un secolo di storia alle spalle. Ce ne sono di tutte le dimensioni: dalla piccola farmacia di paese a importanti aziende nazionali.

Come ci sono riuscite? Come hanno fatto ad attraversare gli anni incerti della burocrazia, degli oneri fiscali eccessivi e, in alcune aree del Paese, dell'illegalità?

La storia. Sono loro la storia. L'hanno scritta, raccontata, incarnata, hanno superato guerre, affrontato momenti bui e complicati, hanno dovuto fare i conti con importanti crisi economiche e sono sopravvissute a più passaggi generazionali. Proprio tramandandosi di padre in figlio sono state capaci di puntare sulla forza della famiglia, hanno investito sui loro prodotti, sui loro marchi, legandosi a filo doppio al territorio da cui provenivano e a cui appartenevano.

Leader nelle costruzioni, nei trasporti, nella gastronomia, nell'enologia, nell'abbigliamento, nell'artigianato, nell'industria di precisione. Non c'è settore che non le abbia viste protagoniste. Imprese diffuse capillarmente su tutto il territorio nazionale, che nella stragrande maggioranza dei casi hanno fatto della manifattura la loro ricetta di successo.

Ma dietro queste imprese ci sono tanti uomini straordinari. Loro le hanno fondate, condotte, e ne hanno fatto la loro ragione di vita.

Queste realtà rappresentano una grande ricchezza per il nostro Paese, incarnano quell'unicità fatta di genio, creatività e innovazione a cui il mondo intero associa, da sempre, l'immagine del Made in Italy. Non è possibile che non le si valorizzi, non è possibile che la maggior parte degli investimenti sul nostro Paese sia di natura estera.

Forse è arrivato il momento in cui il legame tra la miniera del risparmio privato e la forza esplosiva delle nostre imprese faccia dell'Italia la nazione che merita di essere, e le dia il ruolo nel mondo che merita di avere.

Ma la cultura finanziaria del Paese passa anche attraverso il modo con cui questa viene raccontata. Viviamo nell'era del cosiddetto «storytelling», del racconto in grado di catturare attraverso l'emozione. Perché non farlo anche con le nostre imprese, perché non farlo anche con gli uomini che le incarnano e le rappresentano? È questa la nuova frontiera, la linea su cui benzina e motori dell'Italia si incontrano per creare più valore di quanto non sappiano fare ognuna per la propria parte.

Voglio farlo anch'io. Qui, nelle ultime pagine di questo libro. Voglio raccontare una storia tutta italiana, una storia che parte da uno dei simboli dell'italianità: la pizza.

Starete sorridendo, lo so. E vi chiederete: «Cosa c'entra la pizza con lo storytelling, con l'emozione garantita dalla trasformazione del Made in Italy in Made for Italy?» Ve lo spiego in poche pagine. Lo faccio raccontandovi la storia di Franco Pepe.

Oggi Franco Pepe è considerato il miglior pizzaiolo al mondo. Arriva da Caiazzo, un piccolo centro in provincia di Caserta, poco più di 5.000 anime, un paese come ce ne sono tanti in Italia, un paese che negli scorsi anni ha vissuto tutte le difficoltà della crisi, tutte le difficoltà dettate dal contesto in cui si trova. Negozi chiusi, botteghe chiuse, agricoltura in difficoltà, i giovani che fuggono verso le città: Napoli, Roma, Milano, addirittura all'estero.

Pepe viene da una famiglia di pizzaioli. Si diploma all'ISEF e fa l'insegnante di educazione fisica, occupandosi principalmente di sostegno. Poi un giorno decide di tornare sui propri passi: lascia il posto fisso e lo stipendio, cose che in una realtà come la sua rappresentano molto più di quanto non dicano i numeri.

Contro la volontà di tutti, anche dei suoi famigliari più stretti, decide di ripercorrere la strada di suo padre, ma scommettendo principalmente su se stesso. Lo fa nel suo paese, quello da dove tutti stavano fuggendo. Gli danno del pazzo, ancora di più quando decide di acquistare e ristrutturare un piccolo palazzetto in quello che era il centro storico della cittadina campana.

Me lo ha raccontato lui stesso: «Credo sia il destino di molti, il destino di quelli che credono in un progetto di cui solo loro hanno una visione chiara», mi dice.

Poi continua: «Ai più le mie scelte sembravano folli. Mi sono indebitato con le banche, ho ristrutturato un palazzetto del Settecento, ho lasciato l'insegnamento. Insomma, agli occhi di chi non capiva sembravo davvero un matto, un matto che voleva fare il pizzaiolo e voleva farlo nel vicolo di un paesino da cui tutti, invece, stavano cercando di scappare via. Un vicolo in cui non era rimasto più nulla se non un rudere da recuperare.

«Ma la mia visione è stata più forte della realtà che mi circondava. Io sapevo che da quel rudere si poteva ricostruire un palazzo, da quelle pietre si poteva ripartire, come se rappresentassero le pietre angolari della mia vita.

«Siamo stati rovinati dall'idea del 'posto fisso', del lavoro garantito, anche se quel lavoro non aveva nulla a che vedere con le nostre caratteristiche e potenzialità. Il 'posto fisso' ha cancellato le nostre iniziative, la nostra creatività, ha appiattito verso il basso il mondo in cui abbiamo vissuto.

«Io però ho voluto seguire un'altra strada. Lo dico sempre quando incontro dei ragazzi. Dico loro di seguire se stessi, di fare ciò che sentono di voler fare, non quello che gli altri gli dicono di fare, quello che altri decidono per loro».

E Franco Pepe lo ha fatto.

«Ho seguito la mia voce, quella che mi diceva di non continuare a vivere la vita che altri avevano pensato per me e che non era la mia. Certo avrei potuto sbagliare, ma sarebbero stati i miei errori.»

Da allora le cose sono cambiate completamente. La pizzeria ha incontrato il favore della clientela; è stata la sua pizza a parlare per lui, a raccontarlo, a narrare il suo progetto e le sue idee, e oggi nel suo locale lavorano 40 ragazzi e la pizzeria è sempre piena.

Per entrare nel suo locale ogni sera una lunga fila di persone attraversa Caiazzo, una processione continua che sta alimentando costantemente la ripresa di moltissime altre attività commerciali.

Lui intanto è richiesto ovunque: ha fatto pizze a New York, a Parigi all'interno del Louvre, a Londra, in Cina, in Canada.

Ma non è stato facile. Il percorso è stato irto di difficoltà, di sacrifici e di rinunce. «Ho scelto di restare qui perché questa è la mia terra, è la terra di mio padre, di mio nonno. Sono tre generazioni che ogni giorno lavoriamo qui. Non è mai mancato il nostro impasto per la panificazione, un impasto fatto rigorosamente a mano. È una tradizione importante, che spero mio figlio possa continuare dopo di me. Ma se lo farà sarà perché lo avrà scelto.

«C'è anche un altro motivo per tutto questo, comunque: sono convinto che si possa cambiare le cose, e che lo si possa fare solo dall'interno, non scappando via e criticando chi rimane.»

Oggi Caiazzo è cambiato anche per le scelte fatte da Franco

Pepe. Il vicolo in cui ha messo in piedi la pizzeria, e che prima era abbandonato, ora brulica di vita. Hanno aperto altri bar e altre attività, che spesso intercettano la gente in attesa di mangiare la pizza. Nella zona è stato realizzato un parcheggio multipiano per una clientela che arriva da ogni parte d'Italia, e non solo.

Come detto, da lui lavorano 40 ragazzi, 40 famiglie che dipendono dalla sua attività: tranne per pochi casi, si tratta di ragazzi del posto.

Franco Pepe ha ricevuto un riconoscimento ufficiale da parte del Comune di Caiazzo, che lo ha nominato «ambasciatore del gusto». Tuttavia il riconoscimento più grande è quello che riceve dagli sguardi sorridenti della gente del suo paese, che spesso incontra per strada. Soprattutto il lunedì, quando la pizzeria è chiusa.

Quando lui chiude per ferie tutta la vitalità del posto si spegne e il paese sembra tornare indietro agli anni in cui le cose non andavano, crollano gli incassi e perfino il parcheggio multipiano resta desolatamente vuoto.

Ma da dove arriva il successo? Cosa lo ha determinato? «Dalla qualità delle cose che facciamo», racconta Franco Pepe orgogliosamente, «innanzitutto dalla qualità. Io credo molto nel realizzare prodotti che prima di tutto siano sani oltre che buoni. Mi sono impegnato nella ricerca di materie prime che rispondessero al massimo a questi criteri, e per farlo ho riscoperto le tradizioni: i sapori antichi e i prodotti della nostra terra, come il pomodoro riccio, che uso per una delle mie pizze più famose, la 'Margherita Sbagliata'. Quel pomodoro ha un sapore straordinario che avevamo perso e che io ho recuperato, così come sto facendo per altri prodotti locali.

«La mia iniziativa sta portando molti ragazzi a far vivere nuovamente le terre dei loro nonni, terre che erano state abbandonate proprio per l'idea del 'posto fisso', e che oggi tornano in vita regalandoci ceci, pomodori, zucchine e cipolle. Sono tante storie che si intrecciano alla mia.»

Attorno all'idea di una pizza stanno resuscitando attività che prima sembravano definitivamente scomparse. Si stanno ricreando antiche competenze artigianali. È stato realizzato un progetto sperimentale: in tre chilometri quadrati c'è tutto ciò che serve per realizzare la pizza, dal caseificio al frantoio ai ragazzi che coltivano il pomodoro riccio. Mancava il grano, ma grazie alla riscoperta di antiche sementi è stato recuperato anche quello. Tutto in tre chilometri quadrati. Insomma, non è solo pizza.

«Assolutamente», spiega Pepe. «È accoglienza. Da noi gli ospiti possono venire a mangiare e dormire, possono mettere le mani in pasta, possono realizzare il loro prodotto, possono vivere la nostra terra. È sapere legato al sapore. Nel mio percorso di vita ho capito quanto siano importanti le competenze, e le competenze possono essere di natura sensoriale e tecnica.

«Mio padre mi ha insegnato a riconoscere la temperatura di un forno a seconda del colore raggiunto dal mattone mentre la legna arde al suo interno, ma oggi le temperature si misurano con il laser. Le due cose però possono andare a braccetto, così come senso e tecnica possono collegarsi nella misurazione dell'acidità e della salatura.

«Per questo motivo mi sono legato a un agronomo che accompagna costantemente le mie sperimentazioni. Perché il sapere antico e quello moderno possono fondersi per regalarci un gusto in grado di crescere ancora e migliorare la qualità del prodotto, rendendolo sempre più sano e più buono.

«C'è bisogno di preparazione, però. Una preparazione costante. E nel nostro settore, quello degli artigiani della pizza, questa scuola manca. È una lacuna che va colmata in fretta.»

Pepe intanto si gode il meritato successo, suo e dei suoi ragazzi che ora hanno le gambe per camminare anche da soli. Hanno imparato un'arte che non è solo quella di fare la pizza, ma di fare impresa e di inseguire i propri sogni.

«In questi momenti di estrema soddisfazione», racconta il pizzaiolo più bravo al mondo, «ripenso ai tanti sacrifici fatti, anche alle lacrime versate di quando ero bambino. Allora eravamo costretti a lavorare: era necessario per sostenere la famiglia. E dal retrobottega del forno di mio padre ricordo che potevo vedere uno spicchio di cielo, solo uno spicchio, perché ero circondato da mura molto alte, come quelle di una prigione. Potevo sentire le voci degli altri bambini giocare, ma non potevo vederli e a volte piangevo. Ma quei sacrifici sono serviti. Senza, oggi non sarei quello che sono, e forse non avrei fatto ciò che ho fatto.»

Questa è la storia di Franco Pepe, una storia tutta italiana fatta di cuore, impegno, sogno, impresa. Può sembrare la semplice storia di una pizza ma non lo è, perché quella pizza, quel prodotto rappresenta un messaggio di vita, un messaggio che noi siamo chiamati a interpretare e comprendere.

Io voglio investire su questi uomini.

Io voglio investire su imprese così.

Io voglio investire perché è questa l'Italia, ed è così che voglio e mi piace raccontarla.

Ringraziamenti

I RINGRAZIAMENTI a fine libro rischiano spesso di essere scontati, quasi un pro forma, una pagina che difficilmente tutti i lettori scorreranno. Per me, tuttavia, sono un momento importante, e anche se queste righe le dovessero leggere solo le persone che tra poco verranno citate, per me sarà già sufficiente.

Stefano Volpato, Alessandro Plateroti, Marco Giorgino, Ruggero Bertelli, Nunzio Santangelo e Lucio De Gasperis, amici prima ancora che straordinari professionisti nel loro settore, sono stati per me un termine di confronto costante. Hanno alimentato i contenuti di questo libro con le loro idee, la loro preparazione, i loro suggerimenti.

Vanessa Bassanello e Sabina Manto, due delle mie più strette collaboratrici della redazione in cui opero, mi hanno supportato nella ricerca di dati e informazioni che poi sono state riportate nel testo.

Valeria Lotti, Francesca Fior, Davide Balotta e Annina Di Palma mi hanno aiutato nella costruzione grafica dei tantissimi eventi fatti lo scorso anno, che poi hanno rappresentato la spina dorsale di questo libro.

E poi tutti gli altri. Tutti quelli che consapevolmente o inconsapevolmente hanno aggiunto idee e contributi di qualunque genere alle pagine che precedono questa. E sono tanti.

Grazie.

Finito di stampare presso ELCOGRAF S.p.A.
Stabilimento di Cles (TN)
Printed in Italy